SHAKESPEARE TAROT

SHAKESPEARE TAROT

Laat Shakespeare uw toekomst voorspellen

A. BRONWYN LLEWELLYN
Met illustraties van CYNTHIA *von* BUHLER

Librero

Oorspronkelijke titel: The Shakespeare Oracle

© 2004 Librero b.v. (Nederlandstalige editie),
Postbus 72, 5330 AB Kerkdriel
WWW.LIBRERO.NL
© 2003 tekst: A. Bronwyn Llewellyn
© 2003 illustraties: Cynthia von Buhler

Omslagontwerp: Wendy Simard
Ontwerp: Laura Herrmann Design

Productie Nederlandstalige editie:
Persklaar, Groningen
Vertaling: Aart Marsman
Redactie: Elke Doelman
Opmaak: Niels Kristensen

Gedrukt en gebonden in China

ISBN 90 5764 514 9

Alle rechten voorbehouden

Opgedragen aan de nagedachtenis van
Evelyn Roberts Llewellyn (1919-1999)

Neem leering aan van de wijzen.

—Elk wat wils (3.2.68)

Voor mijn moeder, Frances carrozza,
die elk jaar op 4 juni op de fancy fair van William's School als zigeunerin optrad. Ze zat dan met haar glanzende rode haren en grote gouden oorringen in het klimrek dat de vorm van een postkoets had, en las de tarotkaarten voor de kinderen. Mijn vriendjes en vriendinnetjes dachten dat ze een echte waarzegster was… en misschien is ze dat ook wel!

—Cynthia von Buhler

Dankbetuiging

Voor iemand die Engels heeft gestudeerd, bestaat er niets mooiers dan een boek over Shakespeare schrijven. Dat geldt in elk geval voor mij. Graag breng ik dan ook hulde aan de mensen die deze productie mogelijk hebben gemaakt. Paula Munier gaf me opnieuw een unieke opdracht en bood me ruimte voor improvisatie. De prachtige illustraties van Cynthia von Buhler geven precies het wezen van de verschillende personages en stukken weer. Wendy Simard, Brigid Carroll en Janelle Randazza verzorgden het productiewerk tot in de puntjes. Rana Bumbardatore corrigeerde alle foutjes. Dankzij Silke Braun en Claire MacMaster groeide dit boek uit tot een oogstrelend werk. Bijzondere dank ben ik verschuldigd aan alle fantastische acteurs uit verleden, heden en toekomst die met hun bevlogen spel Shakespeares teksten levend houden.

> *Voor al de groote gunsten,*
> *Door u op mij, onwaardige, gehoopt,*
> *Kan ik slechts onderdaan'gen dank u bieden.*
> —Hendrik VIII (3.2.174)

Verantwoording

De vertaling van de citaten is afkomstig uit *De werken van Shakespeare* van dr. L.A.J. Burgersdijk, AW Sijthoff's Uitgevers-Maatschappij, Leiden.

Inhoud

Inleiding 9

Hoe gebruikt u dit boek? 13

Hoofdrollen en theaters
(de grote arcana) 15

- 0 De dwaas – de nar 21
- 1 De magiër – Shakespeare 24
- 2 De hogepriesteres – Aemilia 27
- 3 De keizerin – koningin Elizabeth 30
- 4 De keizer – Hendrik VIII 33
- 5 De hiërofant – Humphrey, hertog van Gloucester ... 35
- 6 De geliefden – Romeo en Julia 38
- 7 De zegewagen – Hendrik V 41
- 8 Rechtvaardigheid – Portia 44
- 9 De kluizenaar – Caliban 47
- 10 Het rad van fortuin – het Fortune Theatre 50
- 11 Kracht – Katharina en Petruccio 53
- 12 De gehangene – Hamlet 56
- 13 De dood – koning Lear 59
- 14 Gematigdheid – Prospero 62
- 15 De duivel – Puck 65
- 16 De toren – Timon 68
- 17 De ster – Cleopatra 71
- 18 De maan – de drie heksen 74
- 19 De zon – koning van Navarre en de Franse prinses ... 77
- 20 Het oordeel – Vincentio 80
- 21 De wereld – het Globe Theatre 83

Bijrollen en regieaanwijzingen
(de kleine arcana) *87*

Bekers
  Prinses – Rosalinde *89*
  Prins – Valentijn *91*
  Koningin – Hermione *93*
  Koning – Antonius *96*
  Getalkaarten I tot en met X *99*

Munten
  Prinses – juffrouw Page *109*
  Prins – Falstaff *112*
  Koningin – Helena *115*
  Koning – Shylock *118*
  Getalkaarten I tot en met X *121*

Zwaarden
  Prinses – Viola *132*
  Prins – Armado *135*
  Koningin – Beatrice *137*
  Koning – Richard II & Hendrik Bolingbroke . . . *140*
  Getalkaarten I tot en met X *143*

Staven
  Prinses – Volumnia *154*
  Prins – Richard Plantagenet *157*
  Koningin – Katharina van Arragon *160*
  Koning – Philip de Bastaard *162*
  Getalkaarten I tot en met X *165*

Inleiding

Het eerste serieuze vermoeden van wat de tarotkaarten in mijn leven konden betekenen, kreeg ik op 31 juli 2001. Ik was net op non-actief gesteld en realiseerde me tot mijn verbazing dat ik *op de kop af* vijfentwintig jaar daarvoor aan mijn carrière in de museumwereld was begonnen. Dat leek me een voorteken van de afsluiting van een periode, en de onzekerheid joeg me angst aan.

Ik kon die eerste nacht niet slapen. Rond drie uur 's nachts herinnerde ik me dat ik een paar jaar daarvoor voor mijn verjaardag een spel tarotkaarten had gekregen. Ik opende het doosje, schudde de kaarten, legde ze omgekeerd op mijn bed en pakte er een. Ik wist niet wat me te wachten stond. Ik verlangde alleen naar een teken dat alles goed zou komen. Dat het goed zou komen met *mij*.

Ik trok de staven prins. In het boek dat bij mijn kaarten hoorde, las ik dat hij vaak een reis voorspelt en dat zijn kaart verbonden is met avontuur en het idee dat er 'verbetering ophanden is'. Ik voelde me al een stuk beter. Ik wist dat me nieuwe ervaringen te wachten stonden en dat alles goed zou komen. Ik kon weer slapen. Alles *kwam* ook goed.

De staven prins voorspelde me de toekomst niet en hij zorgde er ook niet voor dat een bepaalde gebeurtenis wel of niet plaatsvond. Hij hielp me afstand te nemen van mezelf en mijn problemen, zodat ik inzag dat mijn leven nog niet voorbij was. Misschien ging ik binnenkort fantastische avonturen beleven. Maar wat zou het prachtig zijn geweest als ik die nacht Richard Plantagenet, de staven heer, had getrokken. Dan zou ik het gevoel hebben gehad dat een oude vriend met me meereisde – een moedig, vastberaden en hartstochtelijk man, die zijn doel nooit uit het oog verloor en wiens verhaal me even vertrouwd was als mijn lievelingssprookjes.

Nu is dat mogelijk.

Er zijn tientallen soorten tarotkaarten en voorspellingskaarten verkrijgbaar, met thema's die variëren van engelen tot dieren, van de Middeleeuwen tot New Age, van het oude Egypte tot Japan en van kruidengeneeskunde tot feminisme. Bij sommige spelen is de symboliek erg eenduidig, maar bij andere zijn de symbolen duister en is de nodige voorkennis van bijvoorbeeld egyptologie of de Keltische religie vereist. De symbolen op de traditionele tarotkaarten zijn deel gaan uitmaken van onze cultuur, maar de teksten van Shakespeare behoren tot de wereldliteratuur. Vier eeuwen na Shakespeares dood worden zijn toneelstukken en gedichten nog overal ter wereld gelezen en opgevoerd.

WAAROM SHAKESPEARE?

Waarom niet? Heel wat bekende uitdrukkingen zijn door Shakespeare gemunt:

> *Het is niet alles goud wat er blinkt.*
> *Die leent heeft schade of schande.*
> *Kortheid is het wezen van geestigheid.*
> *Het pad van de ware liefde gaat nooit over rozen.*
> *De pen is machtiger dan het zwaard.*

Goed, de laatste uitspraak is niet van Shakespeare afkomstig, maar dat had makkelijk anders kunnen zijn. Wie zijn gedichten en toneelstukken leest, komt immers tot het besef dat hij wel in deze woorden geloofde. Per slot van rekening bewees hij steeds weer hoeveel waarheid erin schuilt. Shakespeares tragedies, komedies en sonnetten worden tegenwoordig gerekend tot het beste wat de wereldliteratuur heeft voortgebracht. Laat u niet afschrikken door die wetenschap en door zijn bloemrijke, soms moeilijke taalgebruik. Het is belangrijk om te bedenken dat zijn werk in zijn tijd zowel bij hooggeschoolden als bij mensen zonder enige opleiding geliefd was.

Hoe beroemd Shakespeare ook is, over zijn leven is bijna niets bekend. Als hij een tijdgenoot van ons was, zouden we weten wat voor merk tandpasta hij gebruikte en in welke restaurants hij ging eten. Maar hoe fantastisch het ook zou zijn als hij zijn licht over de wereld van de eenentwintigste eeuw zou laten schijnen, eigenlijk maakt het weinig uit dat we vrijwel niets van hem weten. Hij leeft voort in al zijn personages, en in alle landen, culturen en talen waarin zijn stukken worden gespeeld. En zijn personages leven voort in ons, of we ons daar nu van bewust zijn of niet. Er is niets geheimzinnigs aan hen. Juist aan hun universaliteit danken ze hun kracht. Hamlet, Othello, Macbeth, Julia en Cleopatra ontstonden in de zestiende en zeventiende eeuw, maar zijn tegenwoordig nog net zo herkenbaar en springlevend als in die tijd. Hoe vertrouwd doet de gekwetstheid van een vader door zijn 'ondankbare kind' in *Koning Lear* ons niet aan? Of de wanhopige, brandende liefde die Romeo en Julia voor elkaar voelen? Of de verlammende besluiteloosheid van Hamlet? Dat Shakespeares werk, dat omstreeks 1600 werd geschreven, rond 2000 nog altijd aanslaat, is verbluffend te noemen. Shakespeares oeuvre is bestand gebleken tegen vrije bewerkingen, inkortingen, academische interpretaties, hysterische verering, kuisingen, censuur en moderniseringen – waarzeggerij kan er dus nog wel bij.

Men zegt wel dat de tarotkaarten een bepaald tijdstip weerspiegelen en aanwijzingen geven over de innerlijke wereld die in woord en daad tot uitdrukking komt. Op dezelfde manier werd in de stukken van Shakespeare alles wat zich in zijn tijd kon voordoen in het klein weerspiegeld. Shakespeare kon het innerlijk van de mens doorgronden en de tragiek, de humor en de passie van de mens in woorden vangen. Grote en kleine gebeurtenissen: niets ontsnapte aan zijn aandacht. In zijn stukken werd naar van alles en nog wat verwezen: naar het leven aan het hof, de ontdekkingsreizen naar de Nieuwe Wereld, scheepsrampen, de zeden in Italië, de Franse politiek, macht, liefde en vooral naar zijn geliefde professie, het theatervak. In zijn veelgelaagde werk zien we een spiegelbeeld van ons eigen spiegelbeeld.

Misschien kent u een aantal van de personages uit Shakespeares stukken. Neemt u rustig de tijd om vertrouwd te raken met degenen die u niet kent. Shakespeares genie kwam niet alleen tot uitdrukking in zijn bekendste personages. Ook via schijnbaar onbeduidende personages verwoordde hij indringende waarheden. Lees om te beginnen de beschrijvingen, en naarmate u de kaarten vaker gebruikt, zult u uw eigen interpretaties ontwikkelen en zult u stuiten op verborgen kanten in de bekende personages – en in uzelf.

Shakespeare vertelt u niet hoe u moet leven. Vertrouw daarvoor op uw eigen kennis, instincten en intuïtie. Dit boek is niet meer dan een hulpmiddel dat u steun kan bieden tijdens moeilijke perioden in uw leven. Ik hoop dat dit boek u vooral plezier zal schenken: wanneer u kennismaakt met de Richards en de Hendriken, met Falstaff en Cleopatra, met Beatrice en Philips, met Hamlet en Hermione, met Puck en Lear, en met al die andere onvergetelijke personages. Ze zijn net oude vrienden, die je nooit met hun verhalen vervelen. Laat u op uw levensreis door hen vergezellen (ze nemen weinig plaats in beslag en hebben bijna geen eten nodig). Door de manier waarop u de kaarten combineert, krijgt uw toneelstuk een unieke rolverdeling. En deze keer gaat het stuk over u.

Hoe gebruikt u dit boek?

De grote waarde van Shakespeare ligt in de universele kracht van zijn personages. Ze ontstijgen de tijd en de wereld waarin ze leven en groeien uit tot archetypen voor mensen van alle tijden en uit alle landen. U kunt dit boek en de kaarten gebruiken om iets te leren over uw persoonlijkheid en de manier waarop u met situaties en mensen omspringt. Na verloop van tijd kunnen deze personages u inzicht bieden in een bepaald probleem, u een richting aangeven, mogelijke obstakels onthullen en suggereren hoe andere mensen en bepaalde omstandigheden uw keuzes kunnen beïnvloeden. Bij elke kaart worden veel mogelijke interpretaties gegeven. Kiest u bij het lezen van de kaarten die eigenschappen die de meeste relevantie lijken te hebben voor uw probleem en de context van de ligging van de kaarten. Noteer, terwijl u met de kaarten bezig bent en uw eigen interpretaties ontwikkelt, uw invallen in een aantekeningenschrift. Maak later nog aantekeningen over de betekenis van elke kaart in het licht van de gebeurtenissen van de betreffende dag. Op die manier kunt u na verloop van tijd de patronen ontwaren die de personages voor u hebben gevormd.

PERSONAGE EN ROL

Bij alle beschrijvingen van de kaarten van de grote arcana en de hofkaarten van de kleine arcana vindt u een gedeelte met het kopje 'Personage' en een gedeelte met het kopje 'Rol'. Onder 'Personage' wordt het betreffende personage (of voorwerp) binnen de context van het werk van Shakespeare geplaatst. Onder 'Rol' wordt uitgelegd welke rol het betreffende personage bij de voorspelling speelt. Ook worden er aanwijzingen gegeven voor de interpretatie van het personage bij bepaalde liggingen.

OMGEKEERDE KAARTEN

Alles heeft ook een keerzijde. Alle mensen bezitten positieve en negatieve eigenschappen. Het genie van Shakespeare komt onder meer naar voren uit het feit dat in de loop van zijn stukken in zijn personages vaak beide betekenissen van een kaart zichtbaar worden. Sommige mensen kennen aan de omgekeerde ligging van een kaart geen bijzondere betekenis toe, en het staat u vrij deze methode te volgen. De mogelijke betekenissen van omgekeerde, oftewel op de kop liggende kaarten worden gegeven om een extra betekenislaag aan de kaartliggingen toe te voegen. Omgekeerde kaarten kunnen wijzen op onopgeloste problemen, niet-verwezenlijkte mogelijkheden, andere kanten aan een zaak of iets wat zich aan de oppervlakkige waarneming onttrekt.

U kunt een kaart die ondersteboven ligt bijna opvatten als een 'spiegelscène' in een stuk van Shakespeare. In het vierde toneel van het derde bedrijf van *Richard II* zijn de koninklijke tuinmannen onkruid aan het wieden en planten aan het snoeien. Ze vergelijken hun bezigheden met die van de usurpator Hendrik Bolingbroke, die koning Richard "met den wortel heeft uitgeroeid" omdat de koning zo onverstandig was overbodige loten niet weg te snoeien. Deze scène is niet van belang voor de intrige. Hij geeft wel een andere kijk op de diepere thematiek van het stuk, door die vanuit een ander perspectief dan dat van de hoofdfiguren te belichten. Bedenk dat een omgekeerde kaart meestal niet het tegenovergestelde van zijn gewone betekenis aanduidt. Hij biedt meestal een iets gewijzigde variant op de gewone betekenis.

HOOFDROLLEN EN THEATERS
(de grote arcana)

De 22 kaarten van de nar (0) tot het Globe Theatre (21) zijn rijk aan betekenissen, afhankelijk van de gestelde vraag en de context van de lezing. Ze kunnen staan voor aspecten van het zelf, voor archetypische personages of voor belangrijke mensen of persoonlijkheidstypen die u hebt leren kennen. Of ze kunnen belangrijke kwesties, universele concepten, levenslessen, eigenschappen, geestestoestanden of abstracte symbolen aanduiden. Verder kunnen ze worden geïnterpreteerd als belangrijke gebeurtenissen, omstandigheden die buiten onze macht liggen, problemen waarop we stuiten of de eigenschappen die vereist zijn om met deze grootheden te kunnen omspringen. Ze bezitten een sterke en diepe energie die lang doorwerkt. Ze missen de onmiddellijker en oppervlakkiger betekenis van de kleine arcana.

Deze kaarten omvatten de menselijke belevingswereld in al zijn aspecten – fysiek, verstandelijk, emotioneel en spiritueel – en werpen licht op uw sterke en zwakke kanten. Elke kaart draagt positieve en negatieve eigenschappen in zich, net zoals liefde bezetenheid in zich draagt, voorzichtigheid angst en eerzucht heerszucht. Deze kaarten staan vooral voor de alles omvattende waarheden die aan elke situatie ten grondslag liggen. Hun energie is abstract, alomtegenwoordig en atmosferisch. Ze zijn als het weer: u kunt ze negeren en denken dat het wel meevalt, maar het is beter om voorbereid te zijn op een flinke stortbui. Sommige duiden realiteiten aan die we niet gemakkelijk het hoofd kunnen bieden, zoals de plotselinge, drastische verandering waarnaar kaart 13, koning Lear, verwijst. Andere zijn fascinerende evocaties van begrippen als de liefde (kaart 6, Romeo en Julia), de triomf (kaart 7, Hendrik V) en de onzekerheid (kaart 18, de drie heksen). Ieder personage geeft de essentie van een kaart weer. Bent u vertrouwd met Shakespeares werk, dan zult u vaak de betekenis van een kaart al begrijpen zonder de beschrijving te hoeven lezen. De in de kaarten vervatte aspecten zijn niet gunstig of ongunstig, niet goed en niet kwaad. Net als Shakespeares personages wordt u gevormd en bepaald door de omstandigheden in uw leven, de mensen in uw omgeving en de doordachte of minder doordachte beslissingen die u neemt.

VOORBEELDEN VAN LIGGINGEN

In boeken en op het internet kunt u honderden liggingen voor alle mogelijke situaties en vragen vinden. U kunt ze perfect toepassen op de kaarten uit dit boek. U kunt om te beginnen uw eigen liggingen verzinnen of de hier weergegeven liggingen proberen.

Sommige mensen leggen de kaarten heel nonchalant, op een willekeurig moment. Anderen benaderen het kaartlezen als een ritueel, bewaren hun kaarten in speciale houders en branden kaarsen en wierook. Maar hoe u de zaken ook aanpakt, centraal staan de vraag die u stelt (vermijd vragen die alleen met 'ja' of 'nee' kunnen worden beantwoord) en het plezier dat u aan het hele proces beleeft.

Elke ligging is een momentopname van de kwaliteit en betekenis van een bepaald ogenblik in iemands leven. Als u bekend bent met de personages, zult u de liggingen snel en intuïtief doorgronden. Naarmate u er meer vertrouwd mee raakt, zullen ze steeds verder strekkende persoonlijke consequenties voor u krijgen. Dit valt te vergelijken met een boek dat u voor de tweede keer leest of een film die u voor een tweede keer ziet: u ontdekt er dan betekenislagen in die u bij eerste lezing of bezichtiging waren ontgaan. Wees alert op aanwijzingen van invloeden, keuzes, beweegredenen en obstakels uit het verleden waarmee u eerder geen rekening hebt gehouden. De interpretatie van een ligging is afhankelijk van de vraagstelling en de relaties tussen de kaarten – wat vertelt een bepaalde kaart u in relatie tot een andere? Probeer van wat u in de ligging ziet een verhaal te maken. Wat zeggen de personages u? Hoe reageren ze op elkaar? Wat voor sfeer stralen ze uit? Wie heeft het initiatief? Ontwikkel vanuit uw vraagstelling uw eigen toneelstuk en ontdek wat deze begaafde personages er al improviserend van kunnen maken.

Dilemmaligging *(Hamlet)*

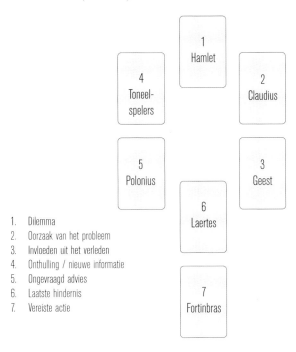

1. Dilemma
2. Oorzaak van het probleem
3. Invloeden uit het verleden
4. Onthulling / nieuwe informatie
5. Ongevraagd advies
6. Laatste hindernis
7. Vereiste actie

Romantisch midzomernachtsprobleem

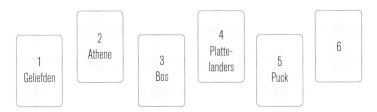

1. Vraag
2. Intellect / verstand vóór het hart
3. Dromen / verbeelding
4. Praktische overwegingen
5. Complicaties
6. Uitkomst

Drama in vijf bedrijven

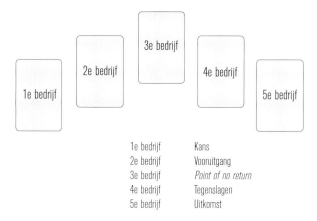

1e bedrijf	Kans
2e bedrijf	Vooruitgang
3e bedrijf	*Point of no return*
4e bedrijf	Tegenslagen
5e bedrijf	Uitkomst

Ligging van het zeventiende-eeuwse theater

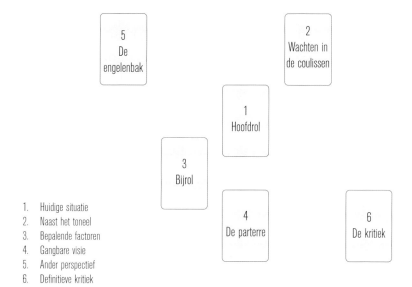

1. Huidige situatie
2. Naast het toneel
3. Bepalende factoren
4. Gangbare visie
5. Ander perspectief
6. Definitieve kritiek

Ligging van de drie kistjes *(De koopman van Venetië)*

1. Goud: wat u verlangt
2. Zilver: wat u verdient
3. Lood: wat u krijgt

Ligging van het rad van fortuin

1. Huidige situatie
2. Waar u heengaat
3. Verzwakkende invloeden
4. Verborgen of onbewuste invloeden
5. Grootste angsten
6. Opkomende invloeden
7. Toekomstige invloeden
8. Wat u moet doen
9. Toekomstig resultaat

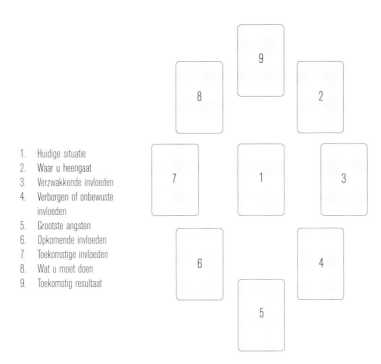

Spiegelligging *(Richard II)*

1. Hoe u de ander ziet
2. Hoe de ander zichzelf ziet
3. De rol van de ander voor u
4. Uw rol voor de ander
6. Wat u met elkaar gemeen hebt

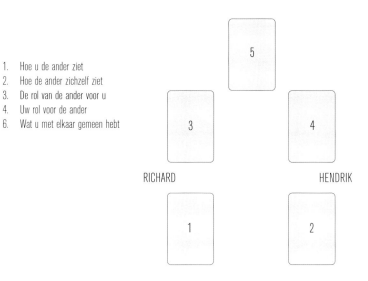

0 - DE DWAAS: De nar

Die knaap is wijs genoeg om nar te spelen;
En ja, dit goed te zijn, eischt schranderheid,
Hij moet de luim van hen, met wie hij schertst,
Persoon en tijd met scherpe blik bespiên...
...Dit is een kunst,
Wel even zwaar als altijd wijs te wezen;
Want dwaasheid, wijs'lijk aangebracht, heeft kracht,
Terwijl men, als een wijze dwaas is, lacht.

– Driekoningenavond (3.1.67–75)

PERSONAGE

De nar treedt in een van Shakespeares bekoorlijkste stukken op. Een nar wordt vaak geassocieerd met 'joligheid' en hij zorgt dan ook meestal voor een feestelijke stemming – al kent hij ook sombere momenten. Hij is scherp van tong en weleens een beetje grof, maar nooit gemeen. "Een erkende nar lastert niet" (1.5.101), geeft Olivia toe. Uit de opmerkingen van de nar blijkt dat hij – na Viola – het verstandigste personage in het stuk is. Hij is dan ook een erg verstandige dwaas. Zijn opmerking "Niets is zooals het is" (4.1.9) zou als titel voor het stuk hebben kunnen dienen, dat vol zit met vermommingen en persoonsverwisselingen.

Er gebeurt in Illyrië niet veel, maar de nar zit nooit om een kwinkslag verlegen: "Narrerij, heerschap, reist de wereld rond, evenals de zon: zij schijnt overal" (3.1.43). Het leven is kort, dus laten we veel lachen, lijkt zijn levensmotto te luiden. De nar is geen jongleur of goochelaar, hij speelt met woorden. Hij bespot Orsino's zogenaamde standvastigheid in de liefde. "Uw gemoed is een echte opaal," (2.4.77) zegt hij, waarmee hij Orsino's gemoed vergelijkt met een steen die onder invloed van het licht van kleur verandert. Hij constateert dat Olivia's echtgenoot het niet makkelijk zal krijgen. Wie is er dus de dwaas: de nar of Sebastiaan, die op stel en sprong met

Olivia trouwt? Illyrië is misschien een paradijs voor dwazen, maar de nar is zo dwaas nog niet. Hij laat zich door niets of niemand de wet voorschrijven. Belangrijk voor hem is zijn eigen wereldje. Zijn liedjes over de liefde, het vervliegen van de jeugd en de sterfelijkheid verlenen het stuk een melancholieke toets.

ROL

De dwaas staat voor een open, optimistische instelling. Deze kaart (0) is de eerste van het spel en neemt een aparte positie in, zoals de figuur van de nar dat ook altijd in Shakespeares stukken doet. Hij heeft geen invloed op de handeling, zoals de meeste andere personages, maar zijn aanwezigheid is daarvoor wel van cruciaal belang. Hij is vrij, maar bezit geen macht. De dwaas staat voor de onbeperkte mogelijkheden van de menselijke geest. Hij kent geen angst, hij is luchthartig en vlot van begrip. Over mislukkingen en problemen maakt hij zich niet druk. Hij is fantasierijk en creatief, en leeft bij het moment. Elke dag is voor hem een nieuw avontuur. Hij is beslist niet kinderlijk, maar bezit wel het enthousiasme en de levensvreugde van een kind. Meevallers en tegenslagen benadert hij met filosofische berusting. Zijn motieven zijn zuiver, zijn geest is open. Hij vertrouwt op zijn instincten – soms is hij het enige personage dat over instincten beschikt. Hij laat zich niet door onverwachte wendingen uit het veld slaan, maar doet er zijn voordeel mee.

Bij Shakespeare spreken dwazen altijd de waarheid: soms in verhulde vorm, soms recht voor zijn raap. Hun gevatheid is dodelijk voor lieden met holle pretenties en ontmaskert dikdoeners van alle rangen en standen. Een dwaas kan een verademing of een lastpak zijn en stelt altijd het geduld van zijn toehoorders op de proef. Hij kan soms te ver gaan of kwetsend zijn, maar spreekt altijd de waarheid – en het valt niet mee kwaad op iemand te blijven omdat hij de waarheid spreekt. Vindt iemand zijn uitspraken dom dan wel geniaal, dan zegt dat vooral iets over de intelligentie van deze persoon. In de spiegel die de dwaas de mensen voorhoudt, worden goede en slechte eigenschappen gereflecteerd. Wat je erin ontwaart, komt voor jouw rekening. Voor de dwaas zijn het verhevene en het bespottelijke twee kanten van één en dezelfde medaille.

Omdat hij geen levensdoel of bestemming heeft, is de dwaas vrij, maar hij is wel overgeleverd aan de genade van anderen. De nar is bij iemand in dienst en kan van het ene op het andere moment ontslag krijgen. Gelukkig voelt hij zich overal thuis en kan hij zich net zo makkelijk aanpassen aan een nieuwe omgeving als aan de stemming van de mensen om hem heen. Wanneer u een lesje van de dwaas krijgt, betekent dat niet dat u een standje nodig had, maar dat u moet proberen in moeilijke situaties uw gevoel voor humor te bewaren en dat u anderen tactvol de waarheid moet vertellen.

Ligt hij omgekeerd, dan suggereert deze kaart dat risico's en beslissingen worden gemeden. De privileges die een dwaas geniet, hebben weinig waarde als hij aarzelt en op zijn hoede is, want dan zou hij zich niet meer van anderen onderscheiden. Misschien zwijgt u terwijl u uw mond zou moeten opendoen. Als Cordelia wat minder koppig was geweest en Lear had verteld hoeveel ze om hem gaf, had een hoop bloedvergieten voorkomen kunnen worden. Misschien bent u erg bang dwaas over te komen, geneert u zich snel wanneer u een blunder maakt en bent u daarom bang voor het avontuur en het onbekende. Misschien bent u bang een kinderlijke indruk te maken en wilt u 'volwassen' overkomen. Misschien kiest u steeds voor veiligheid en conventionaliteit en accepteert u te snel uw beperkingen. Daartegenover staat dat roekeloos gedrag snel onverantwoordelijke trekjes krijgt. Misschien voelt u zich stuurloos, apathisch, eenzaam of treurig. U hebt het idee dat uw plannen allemaal even dwaas zijn en tot niets zullen leiden. Door zelfbedrog en *wishful thinking* kunt u de waarheid uit het oog verliezen.

1 ~ DE MAGIËR: Shakespeare

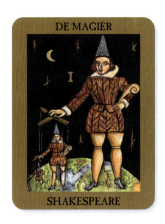

Het spelen is ten einde. Deze spelers, –
Ik zeide 't u van te voren, – waren geesten
En smolten weg tot lucht, tot ijle lucht;
En als die vooze zinsbegooch'ling, zullen
De omwolkte torens, de gewijde tempels,
De prachtpaleizen, ja, de aardbol zelf,
Met al wat zij bevat en voedt, vervloeien,
En evenals dit ijdel praalvertoon
Spoorloos verdwijnen. Wij zijn van de stof,
Waar droomen van gevormd zijn; 't korte leven
is van een slaap omringd.

– De storm (4.3.148)

PERSONAGE

Met één beweging van zijn magische ganzenveer tovert Shakespeare heksen, koningen, legers, liefdespaartjes, keizerinnen, spoken en stormen tevoorschijn en verleent hij alledaagse dingen de bovenaardse glans van het theater. Hij kan in de hoofden van de mensen kijken en beschrijft wat hij daar ziet. Is dat geen tovenarij? In *Een midzomernachtsdroom* schrijft hij over zijn eigen vak: "En waar verbeelding dingen, opgetekend, te voorschijn roept, daar schept des dichters stift hun een gestalte, en schenkt aan 't ijdel niets op de aard bestaan, een woning en een naam" (5.1.14). Met woorden schept hij illusies fijn als spinrag. Hij beheerst niet alleen de natuur, maar schept en beschrijft haar, en laat haar verschijnen en verdwijnen wanneer het hem belieft. Toverkunsten zijn niet aan een bepaalde taal of cultuur gebonden, en voor het werk van Shakespeare geldt hetzelfde. Schimmen zijn bij hem van vlees en bloed, acteurs groeien uit tot archetypen, familieruzies worden wereldpolitiek en de liefde van twee mensen symboliseert bij hem alle liefdesgeschiedenissen van alle tijden. Hij houdt de natuur een spiegel voor en betovert zijn publiek. Hij kan ons doen geloven dat zijn fantasie op waarheid berust. Hij is een kunstenaar van zeldzaam formaat. Bijna niemand kan wat hij kon, en daarom was hij ook een magiër.

De magiër is een uitvoerend kunstenaar, en de geniale Shakespeare heeft publiek nodig. Wat heeft illusionisme voor zin als niemands mond van verbazing openvalt? Met het vakmanschap van de toneelschrijver vormt hij gedachten om tot een dramatische handeling, tot dialogen en liederen. Shakespeare was geen afwachtend mens. Vastberaden en vol zelfvertrouwen verwezenlijkte hij zijn dromen, zodat zijn werk werd opgevoerd in de belangrijkste Engelse theaters van zijn tijd. Zijn leven stond in het teken van steeds weer een nieuw begin – telkens weer creëerde hij nieuwe stukken. Magiërs leren voortdurend nieuwe toverkunsten en Shakespeare verdiepte zich voortdurend in nieuwe genres en nieuwe personages. En net als een magiër die in een flits van het toneel verdwijnt, liet hij zijn publiek achter met de vraag hoe hij alles toch had klaargespeeld.

ROL

De magiër is een communicator en een schepper, iemand die veel bereikt en steeds van gedaante verandert. Wijs en vastberaden als hij is, bestiert hij de krachten uit het heelal en geeft hij vorm aan nieuwe werkelijkheden. Hij moet het hebben van zijn oorspronkelijkheid en zijn enorme wilskracht. Deze kaart staat voor de beheersing van uw intellectuele vermogens, uw emoties, uw daden en de stoffelijke wereld. Hij duidt ook op leiding, hetzij door uw eigen kennis, hetzij door een persoon of factor die buiten u ligt.

De magiër is handig en subtiel, hij is een dichter en een artiest die mensen met zijn kunsten en zijn charme kan hypnotiseren. Zoals bij een acteur in een stuk van Shakespeare zijn uw woorden perfect gekozen, is uw taalgebruik expressief, zijn uw gedachten helder en is uw timing vlekkeloos. Vorm en inhoud zijn één. "Regel uw gebaar naar het woord, uw woord naar het gebaar" (3.2.19), zegt Hamlet tegen de toneelspelers. Gebruik uw talent om dingen voor elkaar te krijgen.

Shakespeare was schrijver, acteur, regisseur en bezat een theater. Hij had de kracht om zijn ambities te verwezenlijken, en deze kaart suggereert dat u tot hetzelfde in staat bent. De magiër lijdt niet aan plankenkoorts. Hij droomt, hij creëert en stemt zijn werk af op het juiste publiek. Hij laat oplossingen voor problemen als uit het niets tevoorschijn komen. Shakespeare bewerkte oude legenden tot unieke, tijdloze literatuur. Bedenk, terwijl u uw vaardigheden verfijnt, dat u net als hij magische resultaten kunt bereiken.

De magiër is onafhankelijk. Overtuig mensen, neem initiatieven en zoek kansen om uw talenten te benutten. Daarvoor zijn zelfvertrouwen en wilskracht vereist. Soms is iets wat op magie lijkt te berusten alleen door vastberadenheid tot stand gekomen. Wees vastbesloten. Deze kaart kan een succesvolle première voorspellen, maar belooft niets voor het verdere lot van het stuk — daar moet u voor zorgen. Misschien slaat het toch niet aan, misschien sluit het theater — maar heel misschien wordt uw stuk een kaskraker.

Als hij omgekeerd ligt, staat deze kaart voor wilszwakte, desinteresse en gebrek aan fantasie. Misschien weigert iemand het spelletje mee te spelen, zoals Bertram die aan een gedwongen huwelijk in *Eind goed, al goed* ontsnapt. U kunt het idee hebben dat u te hoog grijpt, als een beginnend acteur in de rol van Hamlet. Misschien ontbreekt het u aan zelfvertrouwen, als een invaller die op het laatste moment ineens het toneel op moet. Misschien kunt u uw verantwoordelijkheden niet aan. Bedenk dat zelfs Shakespeare niet alles kon. Er kan iets volkomen misgaan, bijvoorbeeld toen het Globe Theatre tijdens een opvoering van *Hendrik VIII* afbrandde. Misschien is iemand anders dan hij zich voordoet, zoals Jago in *Othello*, die zegt: "Ik ben niet wie ik ben (I.I.65)." Misschien misleidt iemand zijn omgeving op een listige, theatrale manier of manipuleert hij mensen vanachter de coulissen. In *De klucht der vergissingen* is Antipholus bang dat het in Ephesus wemelt van "beurzensnijders, die het oog bedotten, nachttoov'naars, die verbijst'ren... vermomde schurken, onnoemlijk boos, steeds zondigend geboeft" (I.2.98). Misschien is er sprake van kwaadwilligheid, de letterlijke betekenis van de naam van Malvolio uit *Driekoningenavond*. Of misschien is iemand een mooiprater, een hol vat.

2 · DE HOGEPRIESTERES: Aemilia

*Sinds vijf en twintig jaar, mijn zonen, was ik
In arbeid over u en eerst dit uur
Werd ik van mijn zwaren last bevrijd.
Mijn vorst, mijn echtgenoot, mijn tweetal zoons,
En gij, kalenders van hun levenstijd,
Gaat op ten doopfeest; weest met mij verblijd;
Wat dag, na lange smart aan vreugd gewijd!*

— De klucht der vergissingen (5.1.400–406)

PERSONAGE

Aemilia verschijnt pas tegen het slot van *De klucht der vergissingen*, maar zij bezit de sleutel voor de oplossing van alle mysteries uit dit stuk. Aan het begin arriveert Antipholus uit Syracuse met zijn dienaar Dromio in Ephesus. Hij is op zoek naar zijn familieleden: "Zoo ik, terwijl ik moeder zoek en broeder, verlies ik mij, onzaal'gen zelf er door" (1.2.39). De twee mannen weten niet dat hun tweelingbroers, die dezelfde namen dragen, in de stad wonen. Dan is er nog Aegeon, een ter dood veroordeelde koopman uit Syracuse. Somber vertelt hij hoe hij lang geleden bij een schipbreuk zijn vrouw en vier kinderen heeft verloren. De hertog is onder de indruk van zijn verhaal, maar houdt voet bij stuk: alle Syracusers in Ephesus moeten duizend mark betalen, anders worden ze ter dood gebracht.

De verwarring neemt toe wanneer Antipholus uit Syracuse naar 'huis' en naar zijn 'echtgenote' Adriana wordt gebracht. Hij vraagt zich af: "Wat! Ben ik in den droom met haar getrouwd?" (2.2.184). Intussen wordt Antipholus uit Ephesus buitengesloten en gearresteerd. Dromio uit Syracuse houdt vol dat hij niet begrijpt waar Antipholus uit Ephesus het over heeft. Zijn vrouw denkt dat haar man bezeten is, terwijl Antipholus uit Syracuse verliefd wordt op haar ontstelde zus. Kooplui en winkeliers beschuldigen de ene Antipholus van bedrog in zaken die hij nooit heeft gedaan en betrappen de ander op het bezit van geld dat hij niet hoort te hebben. Het lijkt of de hele stad gek is geworden of door een boze tovenaar is betoverd. Het is angstaanjagend hoe de personages hun identiteit kwijtraken in een wereld waar iedereen hen voor een ander aanziet.

Wanneer de mannen uit Syracuse willen vluchten, biedt Aemilia hun een veilige schuilplaats in de abdij aan. Ze blijkt Aegeons doodgewaande echtgenote en de moeder van beide Antipholussen te zijn. Aan verbijsterde toehoorders vertelt ze haar hartverscheurende levensverhaal. Iedereen doet vervolgens uit de doeken wat hem is overkomen, schulden worden vereffend en bezittingen worden teruggegeven aan de rechtmatige eigenaars. Aemilia nodigt iedereen uit voor een feestmaal, de vreugde wint het van het verdriet en de orde zegeviert over de chaos. Uit zulke tegenstellingen bestaat het levensmysterie.

ROL

De hogepriesteres bewaakt de toegang tot paranormale vermogens, de geheimen van de vrouw en spirituele kennis. Haar domein is dat van het onbewuste, van dromen, emoties en symbolen. Het stuk zegt dit niet met zo veel woorden, maar misschien was Aemilia priesteres in de tempel van Artemis in Ephesus – een van de Zeven Wereldwonderen uit de Klassieke Oudheid. Artemis (of Diana) belichaamde het vrouwelijk beginsel en meed mannelijk gezelschap. Aemilia is weliswaar geen maagd, maar staat voor alle dimensies van het vrouw-zijn – van ongerept meisje tot echtgenote en moeder, tot wijze oude vrouw. Toen ze haar man en kinderen had verloren, koos Aemilia voor een kuis bestaan vol spiritualteit. Als heerseres over haar domein biedt ze bescherming aan iedereen die in haar abdij een schuilplaats zoekt. Denk in dit verband niet alleen aan een letterlijk toevluchtsoord, maar ook aan meditatie en een beschouwelijke instelling. Aemilia is wijs en verlicht. U kunt raad vragen aan een wijze, verstandige vrouw of iemand anders inzicht verschaffen. Misschien voelt u zich geestelijk sterk met iemand verbonden. Uw leven kan, net als dat van Aemilia, in het teken staan van een geheim. Misschien is er sprake van onbekende feiten of verhulde beweegredenen. Nadenken over hun situatie is voor de figuren in het stuk zinloos, omdat alles zo onlogisch is. Luister naar uw intuïtie en uw onbewuste om de waarheid op het te spoor te komen. Richt uw blik naar binnen, luister naar uw hart, zoek naar diepere betekeniswaarden en u zult verrassende waarheden over uzelf ontdekken. Volgens Socrates was het verwerven van kennis een proces van herinnering. Deze kaart kan aangeven dat u iets uit uw geheugen moet opdiepen, uit uw persoonlijke geschiedenis of uit uw dromen. Aemilia's leven werd bepaald door extremen: van diepe tragedie tot de vervulling van al haar verlangens. Deze kaart staat weliswaar in het teken van onberingen, maar symboliseert ook geluk. Ook suggereert de hogepriesteres de eenwording van tegenpolen. Misschien voelt u zich tot iets of iemand aangetrokken juist omdat hij, zij of het zo mysterieus en vreemd is. Anderen hebben altijd verborgen kanten die we niet kennen. Aemilia en de andere personages moesten wel naar Ephesus gaan om hun levensraadsel op te lossen. Of het nu een letterlijke bedevaartstocht of een terugkeer tot uw ware zelf betreft, de hogepriesteres staat voor een reis terug naar huis.

In omgekeerde ligging wijst deze kaart op onwetendheid, oppervlakkigheid of het veronachtzamen van de intuïtie. Hij kan betekenen dat vrouwelijke kameraadschap ontbreekt of dat de raad van vrouwen in de wind wordt geslagen. Misschien snapt u niet wat een ander u duidelijk wil maken, of doet u de daden van een ander als irrationeel af. In *Troilus en Cressida* voorspelt Cassandra de Trojanen wat hun te wachten staat, maar zij beschouwen haar profetieën als ziekelijke hersenspinsels. In de Griekse mythologie schonk Apollo Cassandra haar voorspellende gaven, maar omdat zij niet op zijn avances inging, zorgde hij ervoor dat niemand haar geloofde. Misschien speelt er iets, en is het niet voor u weggelegd dat te doorzien. Achterdocht kan een relatie ernstig verstoren. Anderen begrijpen misschien niet waarom u zich afzondert. Misschien voelt u zich eenzaam en onbegrepen. Informatie wordt vertekend. Bedenkt u zich eens hoe gemakkelijk de kwestie met de tweelingbroers had kunnen worden opgelost. Alleen zou er dan geen toneelstuk zijn geweest!

3 - DE KEIZERIN: koningin Elizabeth

*Dit hooge kind, – de Hemel hoede 't steeds! –
Belooft, schoon in de wieg nog, dezen lande
Alreeds een duizend, duizend zegeningen,
Die 't eens de toekomst rijpt...
    ...De waarheid zal haar voedster zijn, gedachten,
Die heilig en hemelsch, steeds haar raden.
Zij zal geliefd en gevreesd zijn, gansch Eng'land
Haar zeeg'nen.*

– Koning Hendrik VIII (5.5.18–31)

PERSONAGE

Elizabeth komt als klein meisje in *Koning Hendrik VIII* voor, maar is veel belangrijker als de vorstin die ten tijde van Shakespeare op de Engelse troon zat. Vóór Shakespeares geboorte bestonden er geen theaters met beroepsacteurs, en als Elizabeth een hekel aan toneel had gehad, had Shakespeare geen toneelstukken kunnen schrijven. Elizabeth werd op haar vijfentwintigste tot koningin gekroond. De Engelse schatkist was toentertijd leeg en het land werd door godsdienstige twisten verscheurd. De intelligente en zelfverzekerde Elizabeth bewees algauw dat haar vader ten onrechte had gevreesd dat vrouwen geen land konden regeren. Ze betoonde zich even standvastig en meedogenloos als haar vader. Ze verliet zich op haar loyale raadsheren en werd veertig jaar lang door haar onderdanen op handen gedragen. Engeland beleefde onder haar regering een bloeitijd, en dat gold ook voor de kunsten en wetenschappen. Dankzij allerlei ontdekkingsreizen raakte de schatkist weer gevuld en werd Engeland steeds machtiger. Shakespeare liet zich door dit alles maar al te graag inspireren. De koningin overleefde de pokken, intriges en aanslagen op haar leven. Ze wees verschillende huwelijksaanzoeken van de hand en ging de geschiedenis in als de 'maagdelijke koningin'. Ze maakte in onderhandelingen slim gebruik van het feit dat ze ongetrouwd was, maar was niet van plan haar macht en haar hart met een man te delen, want ze had haar hart aan haar onderdanen verpand. Een van haar sieraden was een pelikaantje – men geloofde destijds dat pelikanen hun jongen voeden met hun eigen bloed. Het pelikaantje symboliseerde dan ook de liefdevolle manier waarop Elizabeth zich voor haar volk opofferde. Ze voelde intuïtief aan wat haar onderdanen van haar verlangden en vervulde hun wensen. Elizabeth zette zich in om Engeland tot een vreedzaam en welvarend land te laten uitgroeien. Ze slaagde erin een klein eiland om te vormen tot een wereldmacht. De Elizabethaanse tijd is naar haar genoemd.

ROL

De keizerin staat voor de macht en het initiatief van de vrouw, de creatieve levenskracht en de anima in vrouwen én mannen. Wie zowel zijn hart als zijn hoofd laat spreken, kan op een directe en gezaghebbende manier plannen maken, initiatieven nemen en daden stellen. U kunt zodoende een gelukkig en succesvol mens worden, die ideeën ontwikkelt en projecten ten uitvoer brengt. De keizerin is praktisch ingesteld en beschikt over inzicht en innerlijke rust. Net als Elizabeth is ze een onafhankelijke vrouw. De keizerin staat voor een volmaakt huwelijk, zoals de verbintenis van Elizabeth met haar land. "Hier is mijn hand / Mijn lieve Engeland / Ik behoor u toe met hart en ziel," schreef de dichter William Birch ten tijde van Elizabeths regering. De keizerin is een matriarch, een moederlijke figuur die kinderen ter wereld brengt, haar gezin bij elkaar houdt en haar kroost liefdevol opvoedt. Elizabeth baarde als vorstin het Britse rijk. Haar land en haar onderdanen waren haar kinderen. De keizerin heerst over alles wat haar toebehoort, en haar huis – Elizabeth bezat ruim zestig huizen – is gastvrij en schitterend ingericht. Elizabeth werd vaak afgebeeld met een rijksappel: een symbool van soevereiniteit, vrouwelijkheid en de wereld. De keizerin stimuleert u om altijd vooruit te denken, u op de buitenwereld te richten en uw leven te ordenen. Zorg ervoor dat uw huis een plaats is waar ideeën en dromen kunnen ontkiemen. Geniet van al het mooie wat het leven te bieden heeft. Wees mondain en wijs, toon anderen respect en verkrijg het zo ook zelf. Haal alles uit het leven.

In omgekeerde ligging staat deze kaart voor eigenschappen die Elizabeth niet bezat: machteloosheid, dadenloosheid, gebrek aan concentratie, besluiteloosheid en angst. Misschien is iemand niet bereid of in staat om u te helpen, misschien is iemand volkomen door zichzelf in beslag genomen. Misschien hebt u het gevoel dat uw krachten het laten afweten. Projecten kunnen uitstel oplopen of worden afgeblazen door gebrek aan aandacht. Misschien voelt u zich door uw moeder verwaarloosd of tekortgedaan. Deze kaart kan wijzen op een dominante moeder, zoals Volumnia in *Coriolanus*, of een (letterlijk!) verscheurende moeder, zoals Tamora in *Titus Andronicus*.

4 ~ DE KEIZER: Hendrik VIII

...als u eens wist hoe heldhaftig hij zich nu betoont, hoe wijs zijn gedrag is, hoezeer hij gerechtigheid en goedheid bemint, en hoeveel liefde hij voor geleerden koestert. Ik durf u te bezweren dat u geen vleugels nodig hebt om dit nieuwe, gunstige gesternte te kunnen aanschouwen. Als u kon aanschouwen hoe iedereen hier zich verheugt over het bezit van zo'n groot vorst, en hoe belangrijk hij voor iedereen is, zou u tranen van vreugde niet kunnen bedwingen. De hemel lacht, de aarde verheugt zich, alles is vol van melk, honing en nectar! ... Onze koning verlangt geen goud, edelstenen en edele metalen, maar deugdzaamheid, roem en onsterfelijkheid.

– Lord Mountjoy in een brief aan Erasmus, 1509

PERSONAGE

De intelligente, knappe en sportieve Hendrik VIII gold als de belichaming van een nieuw tijdperk. Als zeventienjarige jongen werd hij koning van een welvarend land dat voorbestemd was uit te groeien tot een wereldmacht, want zijn vader had een einde gemaakt aan langdurige binnenlandse twisten. De levenslustige renaissancevorst sprak diverse talen en interesseerde zich voor literatuur, mode, dans en muziek. Hij had verstand van geschut, scheepvaart en astronomie. Hij had tevens een groot politiek inzicht en bleek een geboren staatsman, die met veel plezier regeerde – al liet hij het dagelijks bestuur over aan kardinaal Wolsey en andere raadsheren. In *Koning Hendrik VIII* contrasteert de verdorvenheid van deze kardinaal met Hendriks toenemende inzicht en macht.

Hendrik hervormde middeleeuwse overheidsinstellingen, versterkte de marine, bouwde paleizen, forten en universiteiten, en zette de toekomstige koers van zijn land uit. Hendrik was geen prater, maar een man van de daad. Zelf zei hij daarover:

"Goed spreken is een soort, ja, van goed doen; en toch is woord geen daad" (3.2.153).

Hendrik wilde beslist een zoon als troonopvolger. Daarom trouwde hij zes keer en kwam hij in conflict met de Kerk. Zijn dochter was koningin Elizabeth I, die ten tijde van Shakespeare over Engeland regeerde. In het stuk wordt niet vermeld dat Hendrik teleurgesteld was omdat zij geen jongen was. Hij roept juist opgetogen uit: "Zoo lieflijk is de troost van uw voorspelling, dat ik nog in de hemel wenschen zal, wat dit kind doet, te zien..." (5.5.68). Tegenwoordig geldt de ambitieuze Hendrik als een grillige tiran, maar tijdens zijn leven – en in dit stuk – symboliseerde hij de grootheid van zijn land. Hij werd bewonderd en gevreesd, hij was machtig, vermetel en meedogenloos. Precies zoals het volk dat van zijn koning verwachtte.

ROL

De keizer staat in een rij kaarten voor een dwingende, zelfverzekerde, ambitieuze en machtige figuur. Hij kan staan voor een belangrijk en succesvol zakenman, jurist of ambtenaar – een leidersfiguur die zorgt voor structuur en orde. Hij is de archetypische vaderfiguur – een agressieve man die zijn dynastie wil laten voortleven. Voor weinig koningen was het vaderschap belangrijker dan voor Hendrik VIII. Vanuit zijn verlangen naar een mannelijke troonopvolger veroorzaakte hij grote politieke en religieuze problemen. De keizer staat voor de gevestigde orde, die door hem wordt beschermd. Hij is zich sterk bewust van zijn belang en zijn invloed op anderen, hij maakt plannen en deelt de lakens uit. Door zijn toedoen verandert chaos in orde. Net als hij kunt u lof oogsten door mensen veiligheid te bieden. Hij staat voor de visionair, de pionier, de grondlegger van een bedrijf of een beschaving. Uw succes is onlosmakelijk verbonden met het succes van uw relaties, projecten en ondernemingen. Met de keizer aan uw kant is uw positie sterk en bent u niet klein te krijgen.

In omgekeerde ligging kan deze kaart duiden op zwak leiderschap. Op iemand die besluiten aan anderen delegeert, situaties niet aankan en onvoldoende zelfvertrouwen heeft. De kaart kan wijzen op een onvolwassen of onbekwame man, een zwakke vader of inconsequente regels. Misschien gaat een ambtenaar, net als kardinaal Wolsey, buiten zijn boekje. Of misschien overschat iemand zijn eigen macht.

5 - DE HIËROFANT:
Humphrey, hertog van Gloucester

Oom Humphrey, ach! Ik zie in uw gelaat
De afspiegeling van alle eer en trouw en waarheid...
Bejammer ik des goeden Gloucesters val
Met tranen, die niet helpen, blik hem na
Met dofgekreten oog en kan niets doen,
Want zijn gezworen haters zijn te machtig.
'k wil weenen om zijn deerlijk lot en geef
Bij elken snik dus lucht aan mijn verdriet:
"Wie ooit verrader zijn moog', Gloucester niet."

– Koning Hendrik VI, deel 2 (3.1.202–222)

PERSONAGE

Humphrey, hertog van Gloucester, was de jongste zoon van Hendrik IV en een broer van Hendrik V. Omdat hij van koninklijken bloede was en vertrouwd was met het hof, en omdat Hendrik VI bij het overlijden van zijn vader pas negen maanden oud was, werd Humphrey regent. Omdat hij na Hendrik aanspraak op de troon kon maken en bijzonder populair was, moest koningin Margaretha niets van hem hebben. Gloucester viel echter niets te verwijten – zelfs zijn vrouw kon geen ambities in hem losmaken. "Moog' die gedachte, die mijn neef en koning, den vromen Hendrik eenig kwaad ooit wenscht, mijn stervenssnik in deze wereld zijn!" (deel 2, 1.2.19), zo vond hij. Hij is in het stuk een scherpzinnig patriot die zijn land moedig tegen binnen- en buitenlandse belagers verdedigt. De koning waardeert zijn oom zeer en gehoorzaamt hem graag, want hij heeft zich een wijs raadsheer betoond. Zelf vindt hij daar het volgende van: "Acht Gloucester het nu tijd, de koning gaat; want menig vijand valt door vriendenraad" (deel 1, 3.1.184). Hij beseft echter dat de sluimerende vijandigheid die aan het hof tegen hem bestaat zich weleens spoedig zou kunnen manifesteren ("wrok baant zich lucht"; deel 2, 1.1.142) en moet niets hebben van het gearrangeerde huwelijk van Hendrik VI met de onbemiddelde maar ambitieuze prinses Margaretha van Anjou. Wanneer hij zijn ambtsstaf aan de koning overdraagt, hoopt hij op vrede, maar vreest hij het ergste, getuige zijn uitspraak: "O, beste heer, de tijden zijn gevaarlijk. Door schand'lijke eerzucht wordt de deugd verstikt" (deel 2, 3.1.142). Humphrey blijft volhouden dat hij onschuldig is nadat hij op grond van valse aanklachten is gearresteerd en roept uit: "Een vlekk'loos hart is niet zoo licht verschrikt" (deel 2, 3.1.100). Hij beseft echter terdege wie hem ten val heeft gebracht. Nadat Humphrey is vermoord, is koning Hendrik diepbedroefd, want terwijl er een burgeroorlog dreigt, moet hij het stellen zonder zijn ooms behoedzame, weloverwogen oordelen. Nu Humphrey er niet meer is, heeft de koning te maken met verschillende, elkaar bestrijdende partijen. Naar verluidt dankte Hendrik VI zijn wetenschappelijke interesse aan zijn oom. Misschien gold hetzelfde voor zijn beschouwelijke inslag. Hendrik VI is de meest oprechte en rechtschapen koning uit Shakespeares koningsdrama's. Als enige is hij niet op wraak of roem uit. Als Gloucester hem langer terzijde had kunnen staan en zijn vrouw niet zo ambitieus was geweest, zou hij misschien de burgeroorlog tussen de strijdende partijen van York en Lancaster hebben kunnen voorkomen.

ROL

De hiërofant staat voor een leermeester of mentor die door zijn steun en leiding het beste uit mensen tevoorschijn haalt en grote invloed op hun levens heeft. Hij vertegenwoordigt het soort kennis dat verband houdt met vaste traditis, procedures en rituelen – de kennis die voor koningshuizen van groot belang is. Deze kaart wijst op begrip en aanpassing aan gevestigde waarden en autoriteiten. Hij staat voor het volgen van de regels, trouw aan een bestaand systeem, goed gedrag en het niet overschrijden van de grenzen die ons zijn opgelegd door onze cultuur of samenleving. Zoals de troonopvolger moest doen wat er van hem werd verwacht en zich aan de strenge regels van het koninklijk protocol moest houden, zo geeft deze kaart aan dat wie zich niet aan de regels houdt met uitstoting wordt bedreigd.

Misschien geeft of krijgt u advies, of wilt u een opleiding gaan volgen. De kaart kan aangeven dat u zich wilt inzetten voor een organisatie of een bepaalde goede zaak, of dat u zich bij anderen wilt aansluiten. De hiërofant staat voor de praktische toepassing van waarden in het dagelijks leven, voor geduld en flexibiliteit, voor medeleven en inlevingsvermogen. Hij staat voor handelen naar eer en geweten, voor goed en bescheiden gedrag. Misschien ontwikkelt u een eigen levensvisie, streeft u wijsheid na of zoekt u steun bij meerderen. Misschien zijn uw relaties wat star, zoals het gearrangeerde huwelijk van Hendrik. Misschien is uw partner braaf en betrouwbaar, maar niet romantisch en spannend. Misschien wordt u op de proef gesteld of zoekt u naar spirituele of filosofische antwoorden om een zinvoller leven te kunnen leiden. Bedenk dat u daarbij beproefde, gangbare methoden kunt volgen – u hoeft het wiel niet steeds opnieuw uit te vinden.

In omgekeerde ligging staat deze kaart voor kwetsbaarheid, onmacht en zwakte. Uw daden kunnen onverstandig en onvolwassen zijn. Misschien houdt iemand te strak vast aan bepaalde normen, zoals Angelo in *Maat voor maat* of aan de letter van de wet, zoals Shylock in *De koopman van Venetië*. Dit wijst op het zich vastklampen aan ouderwetse opvattingen en onbewezen veronderstellingen. Iemand kan de regels of het gezag in twijfel trekken en zich extreem gedragen, alleen om anders dan anderen te zijn en de gangbare conventies aan zijn laars te lappen. "Hij denkt te veel," zegt Julius Caesar over Cassius, "zulke mannen zijn gevaarlijk" (I.2.195). Deze kaart kan ook wijzen op een breuk met een traditie, doordat iemand zijn geloof of bepaalde gebruiken afzweert, bijvoorbeeld toen Hendrik VIII brak met de rooms-katholieke Kerk en de Anglicaanse Kerk oprichtte, alleen om van zijn echtgenote Katharina te kunnen scheiden.

6 ~ DE GELIEFDEN: Romeo en Julia

O, zij eerst leent den toortsen gloed en pracht!
Het is als rustte ze op de wang der nacht,
Gelijk in 't oor eens moors een rijk juweel;
't Is schoonheid, voor deze aard te rijk en te eêl!
Een duif, sneeuwwit, bij 't kraaienvolk verdwaald,
Straalt zooals zij bij haar genoten straalt.
Beminde ik ooit? Mijn oog zegg' neen! want, ziet!
Wat ik ooit zag, was de echte schoonheid niet.

– Romeo en Julia (I.5.46–55)

PERSONAGE

Romeo en Julia zijn het archetypische liefdespaar. Wie kent hun tragische geschiedenis niet? Ze lijken de belichaming te zijn van de aantrekkingskracht die mensen op elkaar kunnen uitoefenen. Romeo en Julia vertegenwoordigen het wezen van de liefde. Aan het begin van het stuk treurt Romeo nog om Rosaline, waarbij hij verzucht "mijzelven ben ik bijster" (1.1.203), maar wanneer hij Julia ziet, ontdekt hij wat ware hartstocht is. Hun liefde bloeit in een angstaanjagend tempo op, en Julia beseft, zo jong als ze is, dat dit niet zonder gevaren is. En terecht, want tussen hun families bestaat een diepgewortelde vete. Niets kan het lot van Romeo en Julia echter nog veranderen. Hun liefde is onbegrensd en werkt door tot in een toekomst die zij zelf niet meer zullen beleven. De gebeurtenissen, hun medemensen en de tijd keren zich tegen hen, maar hun band is zo sterk dat niets hen uit elkaar kan drijven. Eigenbelang telt voor hen niet meer, zo intens is hun liefde. Bij Julia vindt Romeo zijn verloren zelf weer terug. De liefde verandert hem in een hemels wezen. In Julia's woorden: "En sterft hij eens, herneem en deel hem dan in kleine sterren; dan schenkt hij 's hemels aanschijn zulk een glans, dat heel de wereld op de nacht verlieft" (3.2.21). Hij droomt over Julia en staat versteld van de intensiteit van hun liefde, waarvan zelfs "de schaduwzijden volop vreugde schenken". Romeo en Julia geloven volledig in hun liefde en in elkaar – hoewel zelfs Julia's min haar aanraadt Romeo uit haar hoofd te zetten en met Paris te trouwen. Onafwendbaar koersen Romeo en Julia op hun einde af. Ze zijn niet in staat het noodlot af te wenden, maar zelfs in de dood zijn ze onafscheidelijk.

ROL

Deze kaart staat per traditie voor liefde, vreugde en geluk. Ook bevat hij elementen van schoonheid, volmaaktheid en harmonie. Hij wordt vaak in het licht van de romantische liefde geïnterpreteerd, maar kan ook op andere soorten liefde duiden. Verlangens worden vervuld, zoals dat ook Romeo en Julia vergund was, ook al is het maar voor even. Zij beleefden de liefde tussen man en vrouw in de mooist denkbare vorm. In hun liefdesband ontstegen ze aan hun eigen persoon. De kaart kan op alle fasen van de liefde betrekking hebben, van de eerste ontdekking van elkaar tot de uiteindelijke vervulling – een proces dat voor Romeo en Julia razendsnel verliep. De geliefden kunnen het begin van een romance aankondigen, maar ook een plotselinge wending in een bestaande relatie. Misschien is er sprake van een verleiding of van andere complicaties. Communicatie, openheid en generositeit zijn belangrijke aspecten van deze kaart – en van een liefdesrelatie. De kaart kan ook duiden op een keuze die niet met de liefde te maken heeft. Zo'n keuze is vaak niet gemakkelijk, maar heeft verstrekkende gevolgen. Het kan gaan om een keuze tussen twee mensen, tussen de liefde en het werk, tussen verstand en gevoel of andere grootheden die zich moeilijk laten verzoenen. Er kan een element van zelfopoffering in het spel zijn. Luister vooral naar de stem van uw hart. Romeo en Julia volgden hun hart – hun geschiedenis liep slecht af, maar een andere keuze was er voor hen niet.

In omgekeerde ligging duidt deze kaart op onbetrouwbaarheid, grilligheid en wispelturigheid. Misschien valt een relatie erg tegen wanneer het erop aankomt. Denk aan Troilus en Cressida, wier passie door gebrek aan standvastigheid uitdooft, of aan Lysander en Demetrius in *Een midzomernachtsdroom*, die hun liefde voor Hermia van het ene moment op het andere laten varen ten gunste van Helena. Misschien is er sprake van onbeantwoorde liefde of 'klikt' het niet. Vaak maken we ons een te romantische voorstelling van de liefde. In *De storm* wordt Miranda hals over kop verliefd op Ferdinand, terwijl ze nooit andere mannen heeft gekend dan haar vader en

Caliban! De kaart kan duiden op een te sterk geïdealiseerde liefde, zoals in het geval van Desdemona, die verliefd werd op de hoofdfiguur uit Othello's verhalen. Hij kan zelfs wijzen op een dwaze liefde, zoals die van Titania voor Spoel in *Een midzomernachtsdroom*. Misschien kunt u het erg goed met iemand vinden, maar bestaat er geen lichamelijke aantrekkingskracht tussen u. Dan kan de kaart aangeven dat u uit elkaar zult groeien of het contact met elkaar zult verliezen. Het kan zijn dat de omstandigheden een toenadering verhinderen. Misschien is er sprake van een conflict, een misverstand of een machtsstrijd. Er kunnen obsessies en bedenkelijke motieven in het spel zijn. Misschien koestert u gemengde gevoelens voor iemand of vertrouwt u hem of haar niet helemaal. Een verkeerde keuze kan tot gevoelens van spijt of schuld leiden.

7 - DE ZEGEWAGEN: Hendrik V

Zijn heldendeugd gaf hem terecht gezag;
Zijn bliks'mend krijgszwaard straalde een ieder blind;
Zijn armen hadden meer dan drakenvlucht;
Zijn fonk'lend oog, vol vuur'gen toorn, ontzette,
En dreef zijn tegenstanders meer ter vlucht
Dan 's middags de zon, hun vlammende in 't gelaat
Wat zeg ik? Welke tong schetst ooit zijn lof?
Hij hief de hand nooit op, of zegepraalde.

– **Koning Hendrik VI, deel I** (I.I.9–16)

PERSONAGE

Het eerste deel van *Koning Hendrik VI* begint met de uitvaart van Hendrik V, waar de aanwezigen zijn grote verdiensten in herinnering brengen. Voor het publiek van Shakespeare gold hij als een groot vorst: hij was moedig en ridderlijk, en had grote overwinningen behaald. Wanneer hij in het stuk koning wordt, laat prins Hendrik Falstaff en al zijn oude vrienden in de steek. In *Koning Hendrik V* merkt de aartsbisschop van Canterbury daarover op: "Nauw blies zijns vaders borst den adem uit, of ook zijn woestheid scheen, in hem verstikt, te sterven" (Hendrik V, 1.1.25). Hendrik lijkt van het ene op het andere moment volwassen te zijn geworden, maar zijn latere kwaliteiten kwamen al in de veldslag tegen Hotspur aan het licht. Hij is een ambitieus man, maar hij streeft alleen na wat hem rechtens toekomt, en wel de Franse troon: "Bij Jupiter, ik heb geen dorst naar goud... Mijn ziel streeft niet naar zulk uitwendig goed; maar is het zondig, eere te begeeren, dan leeft geen zondaar thans, zoo boos als ik" (4.3.24). Hendrik koestert – anders dan zijn vader, die onrechtmatig koning was geworden – geen schuldgevoelens en leidt met succes de aandacht van interne conflicten af. Met de teugels van de macht in de ene en het zwaard in de andere hand trekt hij ten strijde, gevolgd door een verenigd Engeland.

Hendrik V is niet zo gecompliceerd als Hamlet, niet zo dichterlijk als Richard II en zelfs vrij van de tegenstrijdige trekjes die hij als prins Hendrik nog bezat. Hij is begaafd, vastberaden en ijverig, een krachtig leider die in de oorlog successen boekt. Shakespeare moet aan het begin van *Koning Hendrik V* Falstaff uitschakelen, anders zou die gargantueske figuur de koning volledig hebben overschaduwd. In de strijd spreekt Hendrik zijn mannen met gedenkwaardige redevoeringen moed in: "Gaat, volgt uw moed; uw wapenkreet bij 't stormen zij: – 'God met Hendrik! Eng'land en Sint George!'" (3.1.32). Hij zegeviert, hoewel het er slecht voor hem uitzag. Hij verovert de hand van een Franse prinses om de overwinning te bekrachtigen en een troonopvolger te verwekken. Hendrik was zo'n moedige en vastberaden figuur dat Engelse soldaten van latere generaties zich aan hem spiegelden.

ROL

Deze kaart houdt verband met de materiële aspecten van het leven, zoals werk en geld. Misschien bevindt u zich in een netelige situatie en moet u uw uiterste best doen om greep op de zaken te krijgen. Vecht voor uw zaak. U lijkt misschien kansloos – het Franse leger telde vijf keer zoveel soldaten als dat van Hendrik –, maar met zelfbeheersing, wilskracht en discipline kunt u een heel eind komen. U moet vooral de tegenstrijdige krachten in uzelf met elkaar in evenwicht brengen. Daarvoor moet u misschien bepaalde lastige verlangens bedwingen. Bundel uw energie, neem de teugels in handen en ga recht op uw doel af – zo kunt u zegevieren. In tegenstelling tot de dwaas, die zich in avonturen stort zonder te weten waaraan hij begint, heeft deze held een doel voor ogen en wil hij zegevieren. Misschien wachten u status en erkenning. Het is mogelijk dat u zult moeten reizen. Het romantische aspect komt op de tweede plaats. Hoewel in *Koning Hendrik V* een aardige scène voorkomt waarin Hendrik de Franse prinses het hof maakt, gaat het hem er vooral om de uitkomst van de veldslag te bezegelen. Relaties kunnen in het teken van wedijver staan, of voortkomen uit lichamelijke activiteiten, zoals sportbeoefening. Net als Hendrik kunt u in de liefde recht op uw doel afgaan, waarna de verbintenis belangrijker zal zijn dan de partners zelf.

In omgekeerde ligging duidt deze kaart op een overmaat aan zelfvertrouwen, op hol wapengekletter waaronder geen werkelijke kracht schuilgaat. Falstaffs vriend Pistool heeft een hoop krijgshaftige pretenties, maar op het slagveld valt hij als lafaard door de mand. Misschien neemt u te veel hooi op uw vork of grijpt u boven uw macht. Of wilt u ten koste van alles winnen. Uw plannen kunnen op niets uitlopen en er kunnen zich obstakels voordoen. Misschien blijkt u uiteindelijk te zwak om een situatie onder controle te krijgen. Het reizen kan problemen geven: u komt niet weg. Misschien blijkt iemand onverantwoordelijk te zijn. Mogelijk zet een tegenstander of concurrent u klem. Uw doel en de middelen om het te bereiken kunnen elkaar niet verdragen. Een partner laat het initiatief aan de ander over. In *Koning Hendrik VI* trekt koningin Margaretha, en niet haar zachtaardige echtgenoot, voor de monarchie ten strijde. Door voortdurend geruzie kan het niet meer de moeite waard zijn met een relatie door te gaan.

8 - RECHTVAARDIGHEID: Portia

Genade wordt verleend, niet afgedwongen;
Zij drupt, als zachte regen, uit den hemel
Op de aarde neer, en dubb'len zegen brengt ze,
Zij zegent hem, die geeft, en die ontvangt;
Ze is 't machtigste in den machtigste; ze siert
Den koning op zijn troon meer dan de kroon;
De scepter toon' zijn wereldlijk gezag,
Zij 't zinbeeld zijner macht en majesteit,
Wekke eerbied en ontzag voor 't koningschap,
Maar boven dezen scepter heerscht genade;
Zij heeft haar zetel in der vorsten hart;
Zij is een eigenschap der godheid zelf;
En aardsche macht zweemt meest naar die van God,
Wanneer genade 't recht doortrekt.

– De koopman van Venetië (4.1.183–197)

PERSONAGE

Portia is een van de aantrekkelijkste en intelligentste vrouwelijke personages uit het werk van Shakespeare. Evenals Rosalinde en Viola is ze heel vrouwelijk, maar kan ze zich in de mannenwereld goed handhaven. Haar vrijer Bassanio prijst haar deugden uitbundig aan tegenover zijn vriend Antonio, de koopman uit de titel. Of Portia kan trouwen, hangt af van een vreemde loterij die in het testament van haar vader is vastgelegd: haar vrijers moeten kiezen uit een gouden, een zilveren of een loden kistje. In het goede kistje zit haar portret. Bassanio kiest voor het lood. Ironisch genoeg kiest hij niet voor het goud – Portia is namelijk schatrijk en de climax in het stuk komt voort uit het geldbedrag dat hij via Antonio heeft geleend om haar het hof te kunnen maken.

Omdat Antonio de lening niet aan de woekeraar Shylock kan terugbetalen, moet hij deze man een pond van zijn eigen vlees afstaan. Vermomd als de advocaat Balthazar schiet Portia Antonio te hulp. Shylock houdt echter voet bij stuk. Zij interpreteert de wet vervolgens naar de letter, zodat Shylock meent dat hij heeft gewonnen. Antonio bereidt zich al voor op de dood, maar dan speelt Portia haar troefkaart uit: "Neem gij uw pond vleesch; maar zoo, bij 't snijden, gij een drup vergiet, een enk'len druppel christenbloed, dan vallen uw land en goed'ren naar Venetiës wet den staat Venetië toe" (4.1.308). Aan het slot vindt een grote verzoening plaats. De clementie wint het van de hebzucht, de vindingrijke, moedige heldin heeft gezegevierd.

ROL

Deze kaart staat voor eerlijkheid, integriteit, compromis en respect voor het recht. In bepaald opzicht draait het bij deze kaart om de perfecte orde en balans in het bestaan. Gesuggereerd wordt dat u gematigd en redelijk moet zijn en moet vasthouden aan eer en deugdzaamheid bij het afwegen van goed en kwaad. Misschien wordt u door een vroegere fout achtervolgd, moet u boeten voor uw blunders, oude rekeningen vereffenen of krijgen wat u toekomt. Misschien wilt u beslist het goede doen, erkent u uw betrokkenheid bij een lastige situatie, of wilt u schitteren door middel van een goede daad. Bij Shakespeare zijn het altijd weer de personages – en niet het noodlot – die bepalen of het goed of slecht met hen afloopt. Deze kaart suggereert dat u de verantwoordelijkheid voor uw daden moet aanvaarden. Probeer te begrijpen wat de gevolgen van uw gedrag kunnen zijn en besef dat anderen later de gevolgen ondervinden van wat u nú doet. Maak zorgvuldige afwegingen voor u beslissingen neemt, net als de prinsen wanneer ze uit de kistjes moeten kiezen. Probeer net als Bassanio door uiterlijke schijn heen te kijken en weeg minder in het oog springende factoren in uw besluitvorming mee. Deze kaart stimuleert u tot een onpartijdige houding. Misschien bent u verwikkeld in een rechtszaak of een ruzie om een principiële of morele kwestie. Besef dat de waarheid altijd aan het licht komt en dat het recht meestal zegeviert.

In omgekeerde ligging wijst deze kaart op juridische problemen, zorgen over de uitslag van een rechtszaak of angst dat een besluit zal worden herzien. Een oordeel kan te streng of onrechtvaardig zijn uitgevallen. Misschien is er sprake van valse beschuldigingen. Zo wordt in *Een winteravondsprookje* Hermione vals beschuldigd door Leontes. Vooroordeel, rechtsongelijkheid of gebrek aan inzicht leiden mogelijk tot onrechtvaardige situaties. Regels waarin u een vast vertrouwen stelde, blijken opeens niet meer te gelden. Misschien is er sprake van een onevenwichtige relatie. Misschien is er ruzie of onenigheid, of treedt er iemand gewelddadig op, zoals wanneer Jack Cade in *Koning Hendrik VI* in opstand komt: "Als het eerste wat wij doen, willen wij alle advocaten doodslaan" (deel 2, 4.2.83).

9 - DE KLUIZENAAR: Caliban

Weest niet bevreesd; het eiland is vol klanken,
Muziek en zoet geluid, dat streelt, niet schaadt.
Soms ruischen duizend heldere instrumenten
Mij in het oor; soms stemmen, die, ware ik
Na langen slaap ontwaakt, opnieuw in slaap
Mij zouden zingen; dan is 't me in den droom,
Als oop'nen zich de wolken, schatten toonend,
Die op mij zouden willen dalen, zoodat ik
Ontwakend schrei en voort te droomen wensch.

– De storm (3.2.144–152)

PERSONAGE

Caliban, de zoon van de heks Sycorax, is de enige bewoner van het eiland waarop Prospero en zijn dochter Miranda twaalf jaar voor het begin van *De storm* als bannelingen terecht zijn gekomen. Waarschijnlijk leidde Caliban er een rustig leventje. Deze wat onbehouwen figuur verrast de toeschouwer met zijn prachtige, poëtische taalgebruik. Hij kent het eiland als zijn broekzak, "zoutgroeven, bronnen, 't vruchtb're land en 't dorre" (I.2.338), en laat alle mooie plekjes aan Prospero zien. Hij is in staat liefde voor anderen te voelen. Hij hield van de man die hem leerde praten en hem "vruchtennat" te drinken gaf (I.2.334). Vanwege zijn gewelddadige inslag onderwerpt Prospero hem echter aan zich. De kinderlijke Caliban roept medelijden bij de toeschouwer op, want na de verstoring van zijn eenzame bestaan krijgt hij niets dan ellende over zich heen. In tegenstelling tot gewone kluizenaars, die zich vrijwillig afzonderen, heeft hij in zijn jeugd alleen maar eenzaamheid gekend.

Shakespeare kende ongetwijfeld de verhalen die ontdekkingsreizigers over de bewoners van verre landen vertelden. Waren deze inboorlingen dierlijke woestelingen of nobele wilden? Wie is er wreder: Antonio, die zich meester heeft gemaakt van Prospero's hertogdom, of Caliban, wiens norse aard mede is voortgekomen uit het onrecht dat hem is aangedaan. Berouwvol en vergevingsgezind bereiden de bannelingen zich op hun terugkeer voor. Zelfs Caliban overweegt een nieuwe start: "Dat wil ik, ja, en voortaan wijs zijn, en genade vragen" (5.1.302). Hij is nu enigszins menselijk geworden en verkeert in een soort voorstadium van de beschaving. Hij zal nooit meer de persoon worden wie hij vroeger was, maar kan misschien opnieuw vrede vinden in een eenzaam bestaan. Caliban heeft geen anderen nodig. Hij heeft genoeg aan zichzelf.

ROL

De kluizenaar attendeert ons op de waarde van eenzaamheid, rust en afzondering van het gekkenhuis dat de samenleving is. Neem afstand van uw dagelijkse beslommeringen en richt uw blik naar binnen. Laat relaties, partners en familieleden even voor wat ze zijn. Trek u terug in uzelf en mediteer, net als Pericles toen hij meende dat zijn vrouw en dochter waren omgekomen. Een mens kan zich vrijwillig afzonderen, zoals Jacques in *Elk wat wils*, of tot afzondering worden gedwongen, zoals Richard II. In beide gevallen biedt het isolement de mogelijkheid diepe waarheden over het leven te ontsluieren en grote zelfkennis te verwerven. Deze kaart staat voor allerlei soorten speurtochten: naar de waarheid, naar de zin van het leven, of naar innerlijke rust en evenwicht. Benut uw tijd goed: zoek naar antwoorden op uw levensvragen, of breng een bepaalde vaardigheid tot ontwikkeling – Prospero vervolmaakte zijn toverkunst. Misschien moet u erkennen dat er veel is wat u niet weet. Probeer de problemen met een open, niet-schoolse instelling te benaderen. Schroom niet om u in het onbekende te storten tijdens uw zoektocht naar antwoorden. Vertrouw net als Caliban op uw instinctieve wijsheid en praktische levenservaring; dat zijn de enige zaken waarover een onontwikkelde wildeman kan beschikken. Misschien vindt u een goede leermeester(es) of kunt u zelf iemand inzicht in zichzelf bieden. Misschien kiest u wel voor een heel andere benadering. Hendrik VI gaat tijdens een veldslag op een molshoop zitten en bedenkt hoe heerlijk het zou zijn als hij verder zijn dagen op zo'n plekje zou kunnen slijten. Van de andere personages uit *De storm* lijkt alleen Gonzalo de eenzaamheid op waarde te schatten, zo blijkt uit het beeld dat hij van zijn ideale wereld schetst. De kluizenaar staat ook voor het afmaken van ooit begonnen ondernemingen en voor het einde van een periode van eenzaamheid – zoals die van Prospero en Miranda, die eindelijk naar huis teruggaan.

In omgekeerde ligging wijst deze kaart op een lastig, asociaal persoon, die niet met anderen wil samenwerken of zich van zijn naasten afkeert, zoals de wrokkige koning Lear. De kaart kan erop duiden dat iemand zijn of haar greep op de werkelijkheid verliest of zaken onjuist beoordeelt. Misschien gedraagt iemand zich dwaas of kinderachtig, net als Stephano en Trinculo. Misschien broedt iemand heimelijk op een plan. Antonio piekert bijvoorbeeld voortdurend over de vraag hoe hij zijn eigenbelang het best kan dienen. De kaart kan ook wijzen op angst voor ziekte, ouderdom of eenzaamheid. Denk in dit verband aan de woorden van Hendrik V: "Een goed been schrompelt in, een rechte rug wordt krom, een zwarte baard wordt wit, een kroeskop wordt kaal, een blozend gezicht verwelkt, een vol oog wordt hol; maar een goed hart... blijft trouw in zijn baan" (5.2.168).

10 - HET RAD VAN FORTUIN:
het Fortune Theatre

't Is maar geluk; alles is geluk.

— Driekoningenavond (2.5.28)

PERSONAGE

Philip Henslowe liet het vierkante, drie verdiepingen hoge Fortune Theatre in Londen bouwen voor de Lord Admiral's Men, het toneelgezelschap van zijn schoonzoon. Het verrees in 1600 op de noordoever van de Theems. Eerder was op de zuidoever, dicht bij Henslow's Rose, het Globe Theatre gebouwd. In 1610 beschreven Dekker en Middleton in *The Roaring Girl* het publiek van het nieuwe theater. Hun boek bevatte "verhalen over mannen en vrouwen, hoogstaand én verdorven, als zonneschijn bij regenweer". Bijna dertig jaar gaven de Admiral's Men en Shakespeares gezelschap, de Chamberlain's Men, de toon aan in de Londense theaterwereld. In het Fortune Theatre werden jaarlijks tientallen nieuwe stukken opgevoerd, van auteurs zoals Thomas Kyd, George Chapman en Ben Jonson. In 1621 brandde het theater echter, met inventaris en al, tot de grond toe af.

    Op het uithangbord stond Fortuna afgebeeld, de godin van de fortuin. Ze werd vaak voorgesteld met een blinddoek – ten teken van haar grilligheid – en staand op de wereld, met één hand aan een roer waarmee ze zich door het leven stuurde. Soms hield ze een hoorn des overvloeds vast, of een teugel waarmee ze de menselijke hoogmoed intoomde. Naast haar stond het rad van fortuin. De mythische Fortuna kon met dit rad de levens van de mensen volledig omgooien, en de hoogmoedigen naar beneden halen en de nederigen omhoog halen. Ze stond op onvaste grond en was vatbaar voor menselijke gedachten en handelingen. Wanneer ze haar evenwicht even verloor, kreeg haar rad een zwaai en was Fortuna op haar grilligst.

Shakespeare wist maar al te goed hoe voor- en tegenspoed elkaar kunnen afwisselen. Zijn personages roepen Fortuna vaak aan om zich te beklagen over haar wreedheid, of om haar gunsten te aanvaarden. Sommigen berusten in haar grillen, zoals Kent in *Koning Lear*: "Goê nacht, Fortuin; o lach weer, draai uw wiel" (2.2.180). Anderen, zoals Celia in *Elk wat wils*, denken dat ze zelf de toekomst kunnen bepalen: "Laat ons gaan zitten, en die nijvere huisvrouw met dat wiel, Fortuin, door spot er van afjagen, opdat voortaan haar gaven wat onpartijdiger worden uitgedeeld" (1.2.34). Wanneer Othello zich wanhopig afvraagt wie zijn eigen lot in handen heeft, antwoordt Shakespeare daarop: "Iedereen!" In al zijn stukken bepalen zijn personages zelf hun lot. Othello vermoordt Desdemona niet door een kracht buiten zichzelf, maar omdat hij vatbaar is voor Jago's boosaardige suggesties. Ook koning Lear roept hoogstpersoonlijk al zijn ellende over zichzelf af. Hamlet lijdt vanwege zijn eigen karakter onder de "slingerstenen en pijlen van het nijdig lot". Romeo levert zich uit liefde voor Julia over aan de grillen van de fortuin. Shakespeare stelt zijn personages steeds aansprakelijk voor hun eigen daden. De mens staat machteloos – niet tegenover de fortuin, maar tegenover zijn eigen natuur. Uiteindelijk krijgt iedereen wat hij verdient.

ROL

Deze kaart wijst op een plotselinge wending in een situatie, op iets onverwachts of op een schijnbaar toeval. Zorg dat u afstand van de gebeurtenissen neemt en het gezichtspunt van een toeschouwer en niet dat van de hoofdrolspeler kiest. Vanaf het balkon kunt u de patronen in uw leven beter herkennen. Wees alert op nieuwe, onconventionele denkbeelden en kansen. In het theater konden Shakespeares tijdgenoten unieke ervaringen ondergaan. In het theater konden zich onverwachte kansen voordoen. Wie bewust leeft, is – net als een acteur die op het juiste moment opkomt – op alles in het leven voorbereid en niet afhankelijk van stom geluk.

De fortuin staat voor de cyclische patronen in het leven. Alle stukken van Shakespeare zijn kleine wereldjes met een begin, een middenstuk en een einde. Elke opvoering van een stuk is hetzelfde en toch een beetje anders – net zoals vrienden in het echte leven komen en gaan, en het ons nu eens mee- en dan weer tegenzit. Door de omwentelingen van het rad van fortuin blijven de dingen nooit lang hetzelfde. Soms lijk je volkomen te zijn vastgelopen, maar opeens loopt alles weer op rolletjes. Misschien gaat u op reis, zoals een toneelgezelschap dat aan zijn jaarlijkse tournee door de provincie begint. Deze kaart kondigt vaak aan dat u een gokje moet wagen en risico's moet nemen om verder te komen in uw persoonlijke ontwikkeling. Waar zo'n gok op zal uitdraaien, valt niet te voorspellen: u zult wel zien wat ervan komt.

In omgekeerde ligging hoeft deze kaart niet op iets slechts te duiden. U komt wel degelijk verder in het leven, maar zonder dat er nu van grote tegenslagen sprake is, hapert de machine weleens even. De ontwikkelingen verlopen moeizaam. Hendrik VI vergeleek in dit verband zijn regering eens met "een schip, dat, pas een storm ontsnapt, door kapers wordt omsloten en geënterd" (deel 2, 4.9.32). Misschien is uw timing niet perfect. Misschien vinden er te veel veranderingen plaats, in een te hoog tempo. Andersom kan het leven u voorkomen als een saaie tredmolen, waarin u steeds opnieuw het wiel moet uitvinden. Misschien ervaart u gebeurtenissen als tegenslagen terwijl ze het helemaal niet zijn. Denk aan Pandulphs uitspraak in *Koning Jan*: "Neen, neen, wanneer Fortuin den mensch wil goeddoen, dan blikt zij hem met dreigende oogen aan" (3.4.119).

11 - KRACHT:
Katharina en Petruccio

'k Ben even kort van stof als zij hooghartig;
En als één heftig vuur een ander vindt,
Dan wordt, wat hunnen woede voedt, verteerd;
Een kleine wind blaast een klein vuur wel aan,
Doch een orkaan blaast vuur en alles uit;
Zoo ben ik haar, zoo geeft zij 't mij gewonnen,
Want ik ben ruw en fleem niet als een zuig'ling.

– De getemde feeks (2.1.132–138)

PERSONAGE

Wanneer Petruccio in Padua op zoek is naar een rijke vrouw, vertelt men hem over Katharina. En hoewel sommigen goede redenen hebben om hem Katharina aan te bevelen (haar zus Bianca kan pas trouwen nadat Katharina getrouwd is), krijgt Petruccio de waarschuwing dat ze een feeks is. Haar het hof maken is meer "een werk voor de grote Hercules", zo krijgt hij te horen. Maar men onderschat Petruccio, die vraagt: "Denkt gij mijn oor vervaard voor wat geruchts?" (1.2.200). Zijn nieuwsgierigheid is gewekt en hij wil de uitdaging aangaan. De 'vervloekte' Kate maakt vervolgens haar reputatie meer dan waar.

Hun zonderlinge vrijage staat bol van dubbelzinnige humor. Petruccio meent te weten hoe hij het zaakje moet aanpakken. Hij wil Katharina met vriendelijkheid onschadelijk maken. Hij is een stoere man, maar wreed is hij niet – hij slaat Katharina nooit. Als hij haar met lieve woordjes toespreekt, wordt ze razend. En dat is maar al te begrijpelijk, want de vergelijkingen met haar deugdzame zus komen haar de strot uit. Soortgelijke gevoelens riepen bij Goneril en Regan moorddadige jaloezie op – omdat koning Lear dol was op Cordelia. Langzaam maar zeker weet Petruccio de 'feeks' tot rede te brengen. Het is duidelijk dat zij hem graag mag, maar ze is te koppig om dat te erkennen. Haar woedeaanval wanneer Petruccio niet in de kerk verschijnt, komt voort uit teleurstelling en vernedering. Wanneer ze beseft dat hij haar een spiegel voorhoudt, weet ze dat ze moet inbinden. Shakespeare is geen seksist: hij beschrijft alleen hoe het in zijn tijd toeging. Katharina is zijn eigenzinnigste vrouwelijke personage, maar veel van zijn vrouwen beschikken over meer vastberadenheid, uithoudingsvermogen en verstand dan hun mannelijke tegenhangers. Aan Katharina's intelligentie en sterke karakter zal door haar bruiloft niets veranderen.

Op het bruiloftsfeest sluiten drie echtgenoten een weddenschap af: degene wiens vrouw op bevel komt opdraven, wint de inzet van driehonderd pond. Alleen Katharina reageert en verklaart: "O, 'k schaam mij, als een vrouw in dwazen waan wil strijden, waar ze om vrede knielen moest" (5.2.161). Haar woorden geven weer hoe men destijds over deze zaken dacht. Katharina weet dat de vrouw de touwtjes in handen heeft zolang de man in de veronderstelling verkeert dat híj de baas is. Nu de waarheid over de zogenaamd gehoorzame Bianca aan het licht is gekomen, is duidelijk dat haar een slecht huwelijk wacht, terwijl Katharina en Petruccio gelukkig, zij het soms stormachtig zullen samenleven.

ROL

Deze kaart staat voor kracht, zelfvertrouwen en beheersing. En dat in de zin van innerlijke kracht en doorzettingsvermogen in zelfs de moeilijkste situaties. Van uithoudingsvermogen, ijver en vastberadenheid. Wanneer het er werkelijk op aankomt, kunt u diep uit uzelf een enorme energie putten. Wat u ook overkomt, u bent ertegen opgewassen. Neem uw lot in eigen handen. Met geestkracht kunt u alles overwinnen. Een van de aspecten van deze kaart is fysieke kracht, maar niet in de zin van brute kracht. Petruccio had Katharina met geweld zijn wil kunnen opleggen, maar dan zou hij nooit haar hart hebben veroverd. Katharina temt zichzelf, ze wordt niet onderworpen. Met een kalme, toegewijde houding valt veel te bereiken. Handel vanuit liefde en compassie, vanuit zelfvertrouwen en wilskracht, en betoon morele moed. Liefde wint het van haat, tegengestelde krachten kunnen in harmonie naast elkaar bestaan. Relaties worden gekenmerkt door wederzijdse passie, aantrekkingskracht en inzet. Katharina en Petruccio zijn beter aan elkaar gewaagd dan de meeste liefdesparen van Shakespeare. Geen van beiden hoeft het hoofd voor de ander te buigen. Katharina zal in haar huwelijk alles krijgen wat ze zich kan wensen.

In omgekeerde ligging duidt deze kaart op twijfel aan eigen kracht, besluiteloosheid, lafheid en gebrek aan vertrouwen. Misschien bent u bang voor de heftigheid van uw hartstochten of die van een ander. Er kan sprake zijn van onmacht, zwakte of bangelijkheid, die misschien schuilgaat onder uitbundig, stoer gedrag. Misschien is iemand te dominant of zelfs tiranniek en maakt hij of zij misbruik van de zwakten van anderen. Mogelijk maakt iemand het slechtste in zijn of haar partner los, zoals dat bij het echtpaar Macbeth het geval was. Wellicht is er sprake van onenigheid, onopgeloste conflicten of een vertrouwensbreuk.

12 ~ DE GEHANGENE: Hamlet

Te zijn of niet te zijn, ziedaar de vraag;
Is 't eed'ler voor den geest, de slingersteenen
En pijlen van het nijdig lot te dulden,
Of 't hoofd te bieden aan een zee van plagen,
En, door verzet, ze te enden...
Zoo maakt het peinzen lafaards van ons allen,
En wordt de frissche blos van 't kloek besluit
Verziek'lijkt door 't onechte bleek van 't mijm'ren;
En 't streven van den hooggezwollen moed,
Door deze omzichtigheid van stroom verand'rend,
Verbeurt den naam van hand'ling.

– Hamlet (3.1.56–87)

PERSONAGE

Hamlet is tot een bijna mythische figuur uitgegroeid. Toch is het basisgegeven van zijn verhaal eigenlijk heel simpel: een jongeman staat voor de opgave de moord op zijn vader te wreken. Hij is een complexe, raadselachtige figuur: een charismatische prins en een nobel hoveling, een geleerde en filosoof met de ziel van een dichter. Hamlet is beschouwelijk ingesteld en komt niet tot daden. Hij denkt hardop en peilt de diepten van onze ziel, terwijl hij probeert te bepalen wat voor actie hij moet ondernemen. Hij wordt verlamd doordat hij te veel nadenkt. Hij overweegt allerlei mogelijkheden, maar kan er geen keuze uit maken: "Want er is niets, 'tzij goed, 'tzij kwaad, of eerst onze gedachte maakt het er toe" (2.2.255). Hij is een wandelende paradox: hij is gelukkig in zijn verdriet, zwartgallig in zijn scherts, wreed in de liefde en glashelder in zijn waanzin. Zijn levenskracht is gefnuikt, zijn moed is door twijfel aangetast en hij bekritiseert zichzelf voortdurend.

Hamlet wil het goede doen, maar is bang te kort te zullen schieten. Hij maakt zich zorgen, want: "De tijd sprong uit den band" (1.5.189). Zijn opgave gaat zo totaal tegen zijn aard in dat hij absoluut niet weet wat hij moet doen. Hij denkt aan zelfmoord, besluit vervolgens het verhaal van de geestverschijning te staven met een toneelstuk-in-het-toneelstuk en veinst daarna waanzin om tijd te winnen. Net als een dwaas is een waanzinnige immers niet verantwoordelijk voor wat hij doet of zegt. Maar zelfs de oude Polonius onderkent een 'systeem' in Hamlets 'waanzin'. Een feit is dat Hamlets dilemma ons intens kan aangrijpen, terwijl het stuk geen eenduidige antwoorden geeft. We zijn gefascineerd door de levensechtheid van Hamlets innerlijke conflict.

ROL

Net als Hamlet zelf is deze kaart zeer gecompliceerd. Hij staat voor in het ongewisse verkeren, voor geen kant uit kunnen. Deze beperkingen kunnen uit een persoon zelf voortkomen – Hamlet is niet letterlijk vastgebonden, maar wordt verlamd door zijn eigen besluiteloosheid. Misschien bent u vastgelopen en denkt u erg veel na. Misschien is uw visie juist (Hamlets argwaan jegens zijn oom en moeder blijkt uiteindelijk volledig gegrond), maar zijn anderen het niet met u eens. Er kan sprake zijn van nervositeit, ongemakkelijke gevoelens en zelfs angst omdat u in een onnatuurlijk en onbekend milieu verkeert – zoals Hamlets Denemarken, waar iets grondig mis is. Anderen kunnen de realiteit niet meer zien of overgevoelig reageren. Misschien stelt iemand zijn of haar plannen te lang uit, net als Hamlet, die niet naar Wittenberg terugkeert. Misschien kunt u anderen niet helemaal volgen. Behalve Hamlet voelt iedereen zich in de nieuwe situatie goed thuis. Als enige rouwt hij om zijn vader, de koning. Misschien voelt u zich geïsoleerd, gefrustreerd, verward of vernederd en beleeft u een moeilijke periode. Ga bij uzelf na wat u eigenlijk in het leven wilt bereiken.

Deze kaart duidt op een breuk met oude gewoonten en patronen. Bekijk de situatie eens vanuit een andere invalshoek. Misschien ligt het niet voor de hand om een nieuwe richting in te slaan. Denk lang en diep na (wie heeft ooit dieper nagedacht dan Hamlet?), want uw denkwerk kan ertoe leiden dat uw houding verandert, dat u anders gaat leven, een geestelijke transformatie doormaakt of nieuwe waarden voorop gaat stellen. Misschien moet u een ander gezichtspunt kiezen. Deze kaart staat voor geestelijke verandering, zelfverloochening, gewenning aan iets nieuws en zelfs voor wedergeboorte. Hij kan duiden op een keerpunt in uw leven. Misschien bereikt u uw doel – misschien ook niet. Het loslaten van eigendunk en fysiek comfort kan heel stimulerend werken. Wat kunt u verdragen? Hamlet kon zijn oom niet als koning accepteren. Wat bent u bereid te geven? Het is niet strikt noodzakelijk dat u een offer brengt, maar uiteindelijk zal een offer veel waard blijken te zijn. Deze kaart wijst op het tegenovergestelde van ons eenentwintigste-eeuwse verlangen naar onmiddellijke behoeftebevrediging. Lijden en zelfopoffering vertegenwoordigen voor ons niet meer de hoogste waarden. Net als Hamlet moet u bereid zijn alles te geven, in dit besef: "Bereid zijn is alles... Wat volgt, is zwijgen" (5.2.234, 369).

In omgekeerde ligging duidt deze kaart op een gebrek aan opofferingsgezindheid of een offer uit eigenbelang. Misschien gedraagt iemand zich egoïstisch en arrogant. Iemands isolement kan een masochistische inslag hebben. Misschien bent u niet bereid te doen wat gezien de situatie vereist is, zoals koning Jan toen hij de oorlogvoering aan Philip overliet. Misschien voelt u zich kwetsbaar of lusteloos en kiest u daarom de weg van de minste weerstand. In *Twee edellieden van Verona* dringt Valentijn er bij Proteus op aan om samen met hem de wijde wereld in te trekken, in plaats van thuis bij de kachel te blijven zitten. Misschien neigt iemand tot een vorm van martelaarschap, zoals Richard II. Misschien voelt u zich aan niets of niemand verplicht. Misschien maakt iemand een daadkrachtige indruk, maar stelt hij of zij eigenlijk niets voor, zoals Falstaff toen hij zich opmaakte voor de strijd.

13 ~ DE DOOD: koning Lear

Blaast, winden, scheurt uw wangen! Blaast en woedt!
Wolkbreuken, waterhoozen, spuit uw stroomen,
Tot ge elken torenhaan verdronken hebt!
Gedachtensnelle solfervlammen, boden
Van eikenlievende onweerskeggen, zengt
Dit witte haar! En donder, aardeschokker,
Sla plat haar ronde zwelling, breek tot gruis
De mallen van natuur, de kiemen, waar
Ondankbaar menschenbroed uit groeit!

– Koning Lear (3.2.1–9)

PERSONAGE

De wereld van koning Lear is door hypocrisie, ondankbaarheid, haat en wraakzucht aangetast. Hij doet overhaast troonsafstand, want hij verwacht dat zijn drie dochters hem in zijn laatste levensjaren zullen verzorgen terwijl hun echtgenoten het land regeren. Hij vraagt zijn dochters om hun liefde voor hem te beschrijven. Goneril en Regan komen daarop met bloemrijke beschrijvingen, maar zijn lieveling Cordelia kan zich er niet toe brengen het spelletje mee te spelen. Woedend verbant Lear haar uit zijn rijk, alsmede de trouwe Kent, die hem voor de consequenties van zijn dwaasheden waarschuwt. Inderdaad zijn de gevolgen verschrikkelijk, en er steekt een storm op die zo heftig is dat "de menschelijkheid [...] die verschrikking, die angst niet [kan] dragen" (3.2.48). De schade is onherstelbaar. Lear zit volkomen aan de grond. Ontredderd en beroofd van zijn status, bezit, macht en familiebanden moet hij de waarheid over zichzelf, zijn dochters en al zijn vroegere illusies onder ogen zien.

Na de storm valt de krankzinnig geworden Lear in een diepe slaap. Hij ontwaakt in de armen van Cordelia. Hij erkent zijn fouten en voelt nieuwe hoop en levensvreugde. Zelfs het vooruitzicht dat hij gevangen zal worden gezet, kan hem niet ontmoedigen. Dan wordt Cordelia opgehangen. Lear is wanhopig, maar als hij sterft, meent hij een ademteug uit Cordelia's mond te voelen komen. Hij vindt eindelijk verlossing – het stuk heeft geen goede afloop, maar Lear sterft als een groot koning en stijgt daardoor boven zichzelf uit.

ROL

Deze kaart gaat niet in letterlijke zin over de dood, al overlijden er in *Koning Lear* diverse personages. De kaart duidt op plotselinge, drastische en permanente veranderingen: een radicale verandering van levensstijl, een einde aan een bepaalde periode of een ingrijpende gebeurtenis die een nieuwe levensfase inluidt. Het kan gaan om het einde van een relatie, een baan of een vriendschap, maar steeds is de verandering belangrijk en noodzakelijk. Als een vervellende slang moeten we ons beperkende verleden achter ons laten zodat we ons verder kunnen ontwikkelen. Soms hebben we een schok nodig om uit ons bezadigde sleurbestaan op te schrikken. Wie moeilijkheden aan ziet komen, is vaak niet in staat erop te reageren of probeert de veranderingen zo gering mogelijk te houden. Maar in dit geval vindt er een ingrijpende omwenteling plaats. Verzet heeft geen zin, want de veranderingen worden u toch opgedrongen, zoals in de tragedie die een einde maakt aan de familievete in *Romeo en Julia*. Toch is er geen sprake van een ingreep van het noodlot. Lear is zelf de oorzaak van alle narigheid die hem overkomt. Wanneer hij dit beseft, is het voor hem echter te laat om zijn fouten nog ongedaan te kunnen maken.

De verandering waarop deze kaart duidt, is te vergelijken met het wegsnoeien van dode takken, zodat er nieuwe groei mogelijk wordt. De hoveniers in *Koning Richard II* wieden "het onkruid, dat schaadt, wijl 't nutt'loos aan gezonde bloemen de vruchtb're sappen van den grond ontzuigt" (3.4.37). Sommige dingen in ons leven hebben geen zin meer en staan onze ontwikkeling alleen maar in de weg. Een tuinman maakt van dode plantenresten compost als voedsel voor nieuwe planten, en op eenzelfde manier kan het residu van vroegere ervaringen, relaties en overtuigingen – dat u nu alleen maar tot last is – een nieuwe geestelijke bloei in u voeden. Volgens sommigen wijst deze kaart op iets 'adembenemends' waar u 'alles voor wilt geven'. U kunt opgelucht zijn. Wat u nu dwarszit, zal spoedig voorbij zijn. Eén ding staat hoe dan ook vast: niets blijft hetzelfde.

In omgekeerde ligging kan deze kaart duiden op aarzeling, traagheid, stagnatie en het gevoel dat u in uw leven bent vastgelopen. De Franse kroonprins in *Koning Jan* verzucht: "Het leven is langwijlig als een sprookje, een slaap'rig man tweemaal in 't oor gereld" (3.4.108). Misschien klampt u zich te veel vast aan wat u hebt en durft u geen alternatieven onder ogen te zien. Misschien is een relatie aan het wegkwijnen. Door ontkenning en verzet worden onvermijdelijke veranderingen er alleen maar pijnlijker op. In de onttroningsscène in *Koning Richard II* houden Hendrik Bolingbroke en Richard II tegelijk de kroon vast. De één wil hem in bezit nemen, de ander klampt zich wanhopig vast aan het laatste tastbare spoor van zijn koningsschap. Misschien verkeert u in een pessimistische of verbitterde stemming en hebt u 'de pest in'. De pest was ten tijde van Shakespeare een gevreesde ziekte. Miljoenen mensen bezweken eraan en de Londense theaters waren soms maanden achtereen dicht. Deze kaart kan duiden op een 'bijna-dood-ervaring' of op de naweeën van een ziekte. Misschien komt u een moeilijke periode te boven en voelt u zich alsof u opnieuw tot leven komt.

14 ~ GEMATIGDHEID: Prospero

Hoe fel hun wandaad mij in 't hart trof,
Mijn rede is eed'ler dan mijn wrok, en neemt
Partij er tegen. Een verheev'ner doen
Is deugd dan wraak. Nu zij berouwvol zijn,
Ben ik aan 't doel en reikt mijn streven thans
Geen fronsblik verder. Ga, bevrijd hen, Ariel.
Ik breek mijn tooverbloei, herstel hun geest;
Zij mogen weer zichzelf zijn.

– De storm (5.1.25)

PERSONAGE

Prospero, voormalig hertog van Milaan, is door zijn broer Antonio afgezet. Met zijn dochter Miranda is hij verbannen naar een eilandje waar verder alleen de bovennatuurlijke wezens Ariel en Caliban hem gezelschap houden. Hij verblijft daar twaalf jaar en perfectioneert zijn magische vermogens. In Milaan had hij zich ook al met tovenarij beziggehouden. Als Antonio's schip het eilandje nadert, slaat Prospero toe. Hij kan in één klap zijn hertogdom heroveren, Miranda aan een echtgenoot helpen en iedereen laten zien hoe beminnelijk en vergevingsgezind hij is. Prospero veroorzaakt een storm, zodat het schip strandt, en bedenkt de liedjes en trucs die door Ariel worden uitgevoerd. Prospero zou met zijn toverkracht zijn vijanden kunnen wegvagen, maar doet dat niet. Jarenlang heeft hij overdacht hoe hij zich wil wreken, maar hij is een begripvol en vergevinsgezind man geworden. Hij wil zijn toverkracht, waarmee hij "de middagzon verduisterde en door 't muitend windenheer de groene zee dreef naar het blauw gewelf" (5.1.41), niet misbruiken. Hij wil niet dat het geheugen wordt "bezwaard met leed, dat thans voorbij is" (5.1.198). Hij gebruikt zijn toverkracht niet om zich te wreken, maar om een nieuwe balans te creëren tussen isolement en beschaving, magie en realiteit, wraak en vergiffenis, en goed en kwaad.

Nadat hij zijn doel heeft bereikt, zweert Prospero de magie af en wordt hij weer hertog van Milaan. Waarschijnlijk zal hij van nu af aan een wijzer heerser zijn.

ROL

Prospero is een alchimist die met gebruikmaking van allerlei ingrediënten een bepaald resultaat nastreeft. Hij brengt veranderingen teweeg en is een katalysator die bepaalde bestanddelen zo omvormt dat ze volledig worden vernieuwd. Deze kaart richt zich niet op het eindresultaat maar op het proces waardoor dit totstandkomt – een proces waarin de zaken steeds opnieuw worden gecombineerd, oplossingen voortdurend worden aangepast, emotie en daadkracht worden versmolten en alle bestanddelen tot een werkzaam geheel kunnen uitgroeien. Door nijver geëxperimenteer ontstaat, schijnbaar als bij toverslag, iets verrassends en unieks dat volledig verschilt van de oorspronkelijke situatie.

Gematigdheid staat ook voor rust, verdraagzaamheid en compassie. Verbintenissen krijgen een harmonieus karakter – hetzij doordat de betrokkenen goed bij elkaar passen, hetzij doordat ze zich ervoor inzetten. Daarbij spelen geduld, verstand, concentratie en innerlijke rust een hoofdrol. Misschien hebt u al een dergelijke evenwichtstoestand gevonden of bent u er naar op zoek om tegenstrijdige kaarten met elkaar te verzoenen. Het is mogelijk dat u mild moet zijn in uw oordelen of dat uw successen en uw geluk enigszins 'gematigd' en afgezwakt moeten worden. Gematigdheid geeft ook aan dat excessen moeten worden vermeden of dat de juiste middenweg tussen twee uitersten moet worden gevonden. Broeder Lorenzo drukt Romeo op het hart zich in de liefde te matigen, want: "Een vreugd, zoo heftig, neemt een heftig eind; zij zegepraalt en sterft, als vuur en kruid vergaan door hunnen kus" (2.6.9). Misschien moet u zich wat inhouden, zuinig zijn of een bepaald streng standpunt wat afzwakken. Misschien is in een conflict een compromis mogelijk wanneer beide partijen bereid zijn tot concessies. In laatste instantie staat deze kaart voor gezondheid, energie en welzijn in alle mogelijke vormen.

In omgekeerde ligging kan gematigdheid wijzen op tegenstrijdige behoeften, onenigheid of onvermogen om de juiste balans te vinden (hoe Prospero ook zijn best doet, zijn broer Antonio betuigt geen spijt). Misschien kunt u geen beslissing nemen. Een situatie zou onstabiel kunnen blijken. Bepaalde combinaties zouden explosief kunnen werken, zoals die van Katharina en Petruccio in *De getemde feeks* of nog erger, die van Margaretha en Hendrik VI. Misschien ondergaat iemand een slechte invloed van een ander, maakt hij of zij steeds dezelfde fouten of heeft hij of zij geen zelfbeheersing. Antonius houdt Cleopatra voor: "Hoewel gij gissen moogt, wat kuischheid is, gekend hebt gij ze nooit" (3.13.121). Misschien vat u plotseling enthousiasme voor iets of iemand op, maar is dit van korte duur. Of misschien hebt u, net als de tovenaarsleerling uit het sprookje, algauw de zaken niet meer in de hand.

15 - DE DUIVEL: Puck

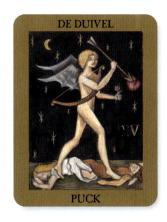

Ik ben die snaaksche zwerver van de nacht,
Die Oberon vaak lustig lachen doet...
Of op een oudevrijsters-krans, bedaard,
In 't glas mij houd als een morel, maar nauw
Brengt één mij aan den mond, of ik bedauw
Al spartlend de ouden boezem met het nat.
Soms kraamt een oude moei een groten schat
Van wijsheid uit, houdt voor een driestal mij,
En wil gaan zitten, maar ik spring op zij,
En plomp, daar ligt ze...
En heel de kring, die eerst nog in de hand
Wou proesten, giert van 't lachen, en roept uit:
"Dat was daar van de preek een mooi besluit!"

– Een midzomernachtsdroom (2.1.43–57)

PERSONAGE

Puck is een speelse figuur in een speels stuk over liefde en betovering. Hij is een plaaggeest, een duiveltje zoals we dat kennen uit de sprookjes. Puck, die ook wel Robin Goodfellow werd genoemd, was in Shakespeares tijd een natuurgeest die verbonden was met reizigers en woningen. Ook duidde men met zijn naam wel de duivel aan. De boerenbevolking geloofde dat hij in een geheimzinnig rijk woonde en schreef allerlei tegenslagen aan zijn daden toe. Puck haalt graag grappen en grollen met de mensen uit, die zich daartegen niet kunnen verweren. Hij kan in veertig minuten tijd rond de wereld vliegen, een wever in een ezel veranderen en mensen op elkaar verliefd laten worden. In Pucks ogen zijn mensen belachelijke schepsels die alleen dienen voor zijn vermaak: "God! Hoe dwaas zijn toch die liên!" (3.2.115). Het maakt hem dan ook niets uit wie hij de liefdesdrank toedient. Puck wordt goed door Oberon in de hand gehouden en daarom zijn zijn stunts altijd onschuldig. De menselijke logica geldt niet voor hem. 's Nachts in het bos heerst deze potsenmaker, samen met zijn kameraden. Het elfenrijk is een droomwereld, maar heeft ook nachtmerrieachtige trekjes. Mensen vragen zich af of hun zintuigen hen niet bedriegen. Is er liefde, waanzin of tovenarij in het spel? "De liefde is een duivel" (I.2.177) verzucht Armado in *Veel gemin, geen gewin*. Inderdaad berooft de betovering van de liefde de mensen van hun onderscheidingsvermogen. Zijn we misschien, wanneer we door de liefde de kluts zijn kwijtgeraakt, overgeleverd aan de genade van Puck? Sommige dingen zijn onverklaarbaar. Zoals Spoel weet: "De mensch is eenvoudig een ezel, als hij dien droom wil gaan uitleggen" (4.1.212).

ROL

De duivel lijkt een angstaanjagende kaart, maar Puck is geen kwaadaardige figuur. Hij is onvoorspelbaar en ergerlijk, en kan grote beroering veroorzaken. Misschien gedraagt iemand zich licht boosaardig en gaat hij of zij zich te buiten aan plagerijen – soms heel onschuldig. Puck vertegenwoordigt de duisternis als onafscheidelijke keerzijde van het licht – zoals ook waanzin en rede, haat en liefde, en zin en onzin niet buiten elkaar kunnen. Het is onmogelijk alle duistere kantjes uit ons leven te bannen. Puck vertegenwoordigt de schaduwzijden van de persoonlijkheid: de leugenachtigheid, de domheid, de twijfel en de moedeloosheid waarmee iedereen weleens te kampen heeft. Hij brengt ons ertoe iets te doen waarvan we weten dat het ons zal schaden. Hij staat voor alles wat ons oordeel vertroebelt. Puck is de kracht die onze creativiteit en daadkracht verlamt, de onzichtbare tegenstander die ons voortdurend dwarszit. Hij manifesteert zich in onze angst voor het onbekende en onze gevoelens van isolement. Misschien voelt u zich machteloos, of kunt u uw problemen niet meer aan. Misschien zoekt u een zondebok voor uw ellende.

Puck wordt door Oberon overheerst, en ook u kunt zich te sterk aan een ander gebonden voelen. Misschien hebt u die ander daar zelf de gelegenheid toe gegeven of staat u machteloos tegenover uw verlangens, emoties en slechte gewoonten. De twee liefdesparen in Shakespeares stuk raken de kluts kwijt door zaken waarop ze geen greep hebben, en misschien laat uw probleem zich ook niet rationeel verklaren. U zult het moeten accepteren, hoe kwaad en ongemakkelijk u zich er ook bij voelt. Deze kaart staat ook voor het verzachten van strenge regels. Puck wil zich alleen maar vermaken. Als u zichzelf te serieus neemt, moet u misschien wat meer aan uw 'duivelse' trekjes toegeven. Die kunnen zich manifesteren in versprekingen en rare blunders, die in veel gevallen echter dwaasheid en schijnheiligheid aan de kaak stellen.

In omgekeerde ligging wijst deze kaart op bevrijding. Moeillijkheden verdwijnen. Er volgt een periode van respijt nadat u van twijfel en angst bent bevrijd. Misschien ontdekt u, net als de wever Spoel, dat sommige dingen niet te verklaren zijn. In een extreem geval kan deze kaart erop wijzen dat u volledig toegeeft aan uw eigen grillen, maar daar staat tegenover dat hij ook kan duiden op de morele superioriteit van de bekeerde zondaar. Misschien is iemand gefixeerd op de zonde of op onderdrukte driften, zoals Angelo in *Maat voor maat*. Misschien gedraagt iemand zich als een duivelse pestkop.

16 - DE TOREN: Timon

Gij wal, die deze wolven insluit, duik in de aard
En schut Athene niet!
         ...Vroomheid, godsvrucht,
Eerbied, rechtvaardigheid, oprechtheid, vrede,
Ontzag voor huisplicht, nachtrust, goede buurschap,
Opvoeding, zeden, handel en beroepen,
Verschil in stand en rang, gebruiken, wetten,
Vervalt in uw verwoestend tegendeel;
Verdelging leve alleen!

– Timon van Athene (4.I.1.–21)

PERSONAGE

In deze tirade wenst Timon Athene alle narigheid toe die potentieel in deze kaart besloten ligt. Timon heeft zijn idealen in rook zien opgaan. Hij heeft een spectaculaire, dramatische val gemaakt – van een welgesteld man is hij verworden tot een straatarme misantroop die in het bos plantenwortels probeert uit te graven. Doordat hij heeft ingezien hoe onoprecht de "verachtelijke parasieten" zijn die hem alleen respecteerden toen het hem goed ging, is hij volledig veranderd. Timon heeft een goed hart – "Voorwaar, ik ben de man niet, die een vriend, die mij behoeft, ooit afschudt" (1.1.100) – maar hij is naïef. Hij staat heel anders tegenover geld dan Shylock: hij geeft het weg. Zijn trouwe hofmeester Flavius zegt over hem: "Wat hij belooft, gaat zoo zijn goed te boven, dat wat hij spreekt, steeds schuld is, ieder woord" (1.2.203). Timons 'vrienden' verstoten hem zonder enig probleem nadat de fortuin zich tegen hem heeft gekeerd.

Timon is volledig uit het veld geslagen nadat hij heeft ontdekt hoe slecht de mensen kunnen zijn. Zijn situatie verandert van het ene moment op het andere. De cynicus Apemantus vindt dat Timons goedgeefsheid eigenlijk een vorm van hoogmoed was – hij schonk geen geld aan de armen – en dat hij heeft gekregen wat hij verdiende. Vervuld van haat en wrok verlaat Timon Athene, om zich terug te trekken in de natuur. Ironisch genoeg vindt hij daar goud, de "gele slaaf", en "een handvol maakt zwart, wit; broos, schoon; laag, edel; onrecht, recht; oud, jong; laf, dapper" (4.3.28). Zodra duidelijk wordt dat Timon weer rijk is, weten de dichters, schilders en hoge heren hem weer te vinden. Minachtend merkt Timon op dat iedereen, van de edelen tot de hoeren, kruipt voor het goud.

Het enige sprankje hoop in dit sombere stuk komt van Flavius, die zich steeds tot het uiterste voor zijn meester inspant en die dan ook van Timons verwensingen gevrijwaard blijft. Volgens sommige deskundigen is dit stuk onvoltooid en zou het in zijn definitieve vorm niet voor *Koning Lear* hebben ondergedaan. Het verhaal over de manier waarop Timon de schellen van de ogen vallen, heeft een didactische strekking: het kan ons leren waarvoor we moeten uitkijken.

ROL

Deze kaart staat voor een dramatische, onverwachte wending die alles op zijn kop zet. Deze wending kan bijzonder schokkend zijn. Het kan gaan om een plotselinge tegenslag of om iets wat alle vaste zekerheden aantast. Illusies die u lang hebt gekoesterd, worden verbrijzeld, en uw wereldbeeld verandert volkomen. Timon had zijn val kunnen zien aankomen, maar in het echte leven zijn zulke wendingen moeilijk voorspelbaar. Ze leiden vaak tot pijnlijke en angstaanjagende veranderingen. Maar ook kunt u er weer met beide benen door op de grond worden gezet, uit een hinderlijke sleur worden weggetrokken of worden bevrijd vanachter de muur die u om uw persoon had opgetrokken. Opeens doet zich een kans voor om te breken met vastgeroeste gewoonten, u uit strakke patronen te bevrijden of u van verstikkende contacten te ontdoen. Wat u voor veiligheid aanzag, was in werkelijkheid misschien verstikkend – bijvoorbeeld een ongelijke relatie.

Het kan erop lijken dat uw hele wereld instort en niets of niemand u meer beschermt. Maar een bevrijding van beklemmende banden biedt u de mogelijkheid om een nieuwe start te maken. Zo kan de 'rampzalige' wending aan de basis van iets nieuws en beters staan. Misschien zou Shakespeare in de definitieve versie van zijn stuk Timon een nieuw bestaan hebben laten opbouwen. Wees bereid oude structuren te slopen en iets nieuws te beginnen dat uw persoonlijkheid meer recht doet. Soms is er een heftige schok nodig om ons uit onze sleur te bevrijden. Het zal niet meevallen, maar steen voor steen kunt u een nieuw bestaan opbouwen.

In omgekeerde ligging geeft deze kaart aan dat een te verwachten crisis op het nippertje wordt vermeden. Er is sprake van vals alarm, of een catastrofe valt erg mee. Misschien ontstaat er een hoop paniek om niets. "Zoo snel verdwijnt het schoonst en schitt'rendst heil" (1.1.149), zegt Lysander in *Een midzomernachtsdroom*, een stuk waarin niets verschrikkelijks gebeurt. Maar misschien blijft een lastige situatie waarin u gevangen zit voortduren. Misschien besluit u desondanks vol te houden. "Slechts volharding, vriend, maakt de eere blank" (3.3.150), zegt Ulixes tegen Achilles in *Troilus en Cressida*. Misschien zorgen anderen voor moeilijkheden. Het kan ook zijn dat u niet bij machte bent te veranderen, wilt u de moeilijkheden niet trotseren of ontkent u de problemen waarmee u te maken hebt.

17 - DE STER: Cleopatra

De bark, waarin zij zat, brandde op het water,
Hel glanzend als een troon; de spiegel goud,
De purp'ren zeilen geurend, dat de wind
Die ziek van liefde omzweefde; zilv'ren riemen,
Maathoudend bij het spel van fluiten, noopten
Het water, als verliefd op hunne slagen,
Tot sneller vlieten. Wat haarzelf betreft
Is elke schild'ring kleurloos, arm. Zij lag,
In haar met goud doorweven tent, veel schooner
Dan Venus ooit door kunst, natuur vereed'lend, is
afgebeeld.

— Antonius en Cleopatra (2.2.196–206)

PERSONAGE

De gecompliceerde, charismatische Cleopatra, die in politiek opzicht volledig tegen Antonius opgewassen was, blijft ons fascineren. Deze verleidelijke vrouw zit vol tegenstrijdigheden. Antonius is haar hulpeloze maar gewillige slachtoffer in een heftig verlopend machtsdrama. Antonius en Cleopatra leven in de illusie dat ze van elkaar houden en voelen elkaar erg goed aan. Het is maar al te begrijpelijk waarom Antonius voor Cleopatra heeft gekozen. Vergeleken met de fascinerende, poëtische wereld van de Egyptische koningin is het in Rome maar een saaie bedoening.

Cleopatra lijkt niet zozeer een mens van vlees en bloed als wel een onweerstaanbare natuurkracht. "Haar kan ouderdom niet doen verwelken" (2.2.240), want ze is onvermoeibaar en schijnbaar onsterfelijk. Met de subtiliteit van een verre ster en de intensiteit van de brandende zon laat ze haar licht over het rijk van Egypte schijnen. Net als de sterren is Cleopatra raadselachtig, ondoorgrondelijk en onbegrijpelijk. Ze is moedig, sluw en betoverend – sommigen menen dan ook dat ze als personage was geïnspireerd op Venus, de morgen- en avondster. Cleopatra is een bovenaardse figuur, die voortdurend warmte en licht voortbrengt en niet kan uitdoven. Ze is stralend, grillig en betoverend: kortom in elk opzicht een ster.

Cleopatra is het meest theatrale personage in Shakespeares werk. Volgens sommigen was ze de eerste echte beroemdheid ter wereld. Ze gaat helemaal op in haar rol en bespeelt haar publiek optimaal. Er is maar één scène waarin Antonius en zij alleen met zijn tweeën optreden: hun theatrale gedrag kan niet zonder publiek. Tijdens Antonius' doodsstrijd is Cleopatra er voortdurend op gespitst dat zij alle aandacht krijgt en dat zij de show zal blijven stelen. Ze is op en top een ster, en niemand kan haar de loef afsteken. Als botsende sterren vernietigen Antonius en zij elkaar. Gehuld in een schitterend kostuum sterft ze met zijn naam op haar lippen, en haar einde is even spectaculair als dat van een supernova. "'k Ben vuur en lucht; mijn andere elementen schenk ik aan lager leven" (5.2.292), verzucht ze op haar sterfbed. Haar dood is roemrijk en betekent in feite haar vergoddelijking: ze transformeert in de dood tot een legendarische, onsterfelijke figuur. Eindelijk is ze ten hemel gestegen en bevindt ze zich te midden van haar lichtende soortgenoten.

ROL

Deze kaart wordt wel de vervuller van wensen genoemd. Sinds mensenheugenis geldt de ster als een symbool van voorspoed, geluk en succes. U wordt aangemoedigd om het allerhoogste – de sterren zelf – na te streven en uw talenten optimaal te benutten. De kaart staat voor optimisme en hoop, voor het licht aan het uiteinde van een tunnel en voor het lichtbaken waarop u zich in het duister kunt richten, zodat u de juiste koers kunt aanhouden. Uw plannen zullen worden verwezenlijkt. Geluk, voorspoed en een wending ten goede liggen in het verschiet. Uw vertrouwen in het leven wordt hersteld en er wachten u evenwicht, harmonie, innerlijke rust en fundamenteel levensgeluk. Wie bezat meer zelfvertrouwen dan Cleopatra? Geniet, net als zij, van uw onbeperkte mogelijkheden. U zult stralen als een ster, creativiteit en inspiratie zullen u als een lichtend aura omgeven. Wees open en eerlijk, durf te zijn wie u bent. Anderen zullen in de ban van uw uitstraling raken en door u worden aangetrokken, zoals Antonius door Cleopatra werd bekoord. Uiteindelijk wist Cleopatra als geen ander hoe ze een staat van waarachtige zieleadel moest bereiken. Ook u beseft wat uw plaats in het grotere geheel van de natuur is, als in de sterrenhemel op een koude, glasheldere winternacht.

In omgekeerde ligging wijst deze kaart op optimistische verwachtingen die niet worden ingelost. Dat kan leiden tot pessimisme, teleurstelling en ontgoocheling. Doordat iets tegenvalt waarop u vurig hoopte, wordt uw levensgeluk verminderd of belemmerd. Een rustige periode kan waarschijnlijk slechts van korte duur zijn, net als de paar gelukkige momenten die Antonius en Cleopatra samen beleefden. Uw denken kan vaag en ongericht zijn. Uw zelfvertrouwen kan omslaan in eigendunk. Een teleurstelling kan u zo van slag brengen dat er meer teleurstellingen zullen volgen. Doordat u zich in uw creativiteit geblokkeerd voelt, raakt u in een lusteloze stemming of uw enthousiasme verdwijnt voor een plan dat opeens geen reële kans van slagen meer lijkt te hebben. Misschien maken anderen op u de indruk bijzonder mooi of briljant te zijn – in tegenstelling tot uzelf –, als waren ze heuse filmsterren. Door twijfel aan uzelf en gevoelens van minderwaardigheid onderschat u wellicht uw eigen kwaliteiten in vergelijking met anderen die een krachtiger uitstraling hebben.

18 - DE MAAN: de drie heksen

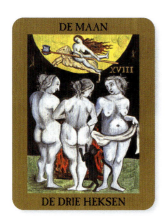

Voor middag zij iets groots gedaan:
Ginds aan den horen van den maan
Hangt, zwaar en laag, een neveldrop, –
Ik vang hem onder 't vallen op, –
Die, als gij er den geest uit trekt
Door toverkunst, hem geesten wekt;
Die dringen op des onheils baan
Hem verder steeds, van waan tot waan.

– Macbeth (3.5.22–29)

PERSONAGE

Macbeth heeft een duistere, dreigende sfeer. In de nachtmerrieachtige wereld van dit stuk flakkeren toortsen en schijnt het spookachtige licht van de maan: "naar 't uur is 't dag, doch donk're nacht verstikt des hemels lamp" (2.4.6). De drie heksen komen samen bij nacht en ontij, en hun duistere uitspraken vormen een voorafspiegeling van de bizarre gebeurtenissen uit het stuk: veldslagen, een 'wandelend woud', en de intriges van een man die koning wil worden. Nergens wordt duidelijk of de drie geheimzinnige toverkollen echt bestaan of fungeren als symbolen van de duisterste kanten van de menselijke geest. In feite voorspellen ze niet de toekomst, maar bevestigen ze alleen Macbeths onuitgesproken verlangens. Wanneer Macbeth eenmaal vrijheer van Cawdor is geworden, zoals de heksen hem hadden voorspeld, verliest hij al zijn morele remmingen. Hij gaat geloven in zijn eigen onoverwinnelijkheid en vat de voorspellingen van de drie heksen verkeerd op – ze komen overigens allemaal uit. Naar Macbeths idee geven ze hem een vrijbrief om alles te doen wat nodig is om zijn doel te bereiken.

Tijdens de nacht waarin Duncan wordt vermoord, zijn alle betrokkenen in de ban van een beklemmende sfeer, "en in de lucht klonk, zegt men, weegeklag, vreemd doodsgerochel... des duisters vogel krijschte heel de nacht" (2.3.60). De hele wereld lijkt even grillig als de maan: "het aardrijk, zegt men, had de koorts en rilde" (2.3.65). Een gevoel van ongemak waart overal rond wanneer een valk door een havik wordt gedood en anders kalme paarden hun stal afbreken. Macbeth doet, gekweld door de spookbeelden van zijn slachtoffers en door zijn geweten, geen oog dicht. Zijn vrouw slaapwandelt, overmand door gevoelens van wroeging, door de nachtelijke burcht. Niets is wat het lijkt, de werkelijkheid biedt geen enkel houvast meer. Alleen de drie heksen zijn op hun plaats in deze spookachtige, door de maan verlichte wereld.

ROL

Het bleke maanlicht onttrekt de kleur aan de dingen en maakt dat alles er anders uitziet. We raken daardoor gemakkelijk de kluts kwijt en voelen ons angstig en gedesoriënteerd. Misschien kunt u een bepaalde situatie niet in een helder licht zien of hebt u het idee in het duister te tasten. Deze schaduwwereld kan bekoren en misleiden, inspireren en angst aanjagen. "Terwijl, als 's nachts haar angst bekruipt in 't woud, zij licht een ruigte voor een ondier houdt" (5.1.21), zegt Theseus in *Een midzomernachtsdroom*, waarin het maanlicht ook menigeen tot waanzin drijft. Misschien is er sprake van een onverklaarbaar voorgevoel. Niets is wat het lijkt te zijn. Misschien houdt u uzelf voor de gek, net als Macbeth, of wordt u het slachtoffer van de waan van een ander, zoals Duncan. Door onoprechtheid kunnen de ware motieven van mensen aan het oog onttrokken worden. In het duister kunnen onvermoede gevaren op de loer liggen – volg uw intuïtie! Schijnbaar ongegronde angsten kunnen wel degelijk reëel blijken te zijn. "Wreed zijn de tijden... waarin wij 't gerucht opvangen van wat ons vrees aanjaagt, zonder echter deez' vrees te kennen" (4.2.18), zegt Ross tegen de vrouw van Macduff.

Net als de veranderlijke maan duidt deze kaart op wispelturigheid. "O, zweer niet bij de maan, ze is ongestadig" (2.2.109), roept Julia Romeo toe. De kaart duidt ook op gebrek aan hoop of moed. Misschien voelt u zich onverklaarbaar tot iets aangetrokken, zoals de zee tot de maan, raakt u in de ban van het onbekende of wordt u door uw fantasie misleid. Deze kaart geeft aan dat u uw angsten het hoofd moet bieden en de strijd moet aangaan met uw persoonlijke demonen. De maan is verbonden met de verbeelding. U kunt dit bijzondere vermogen gebruiken om de realiteit te ontvluchten en verantwoordelijkheden te ontlopen, of er positief en creatief gebruik van maken. Wees bedacht op interessante dromen en ongewone invallen. Zoals de heksen Macbeth op zijn verborgen kanten wijzen, zo kunt u inzichten verwerven die u onbekende kanten van uzelf tonen. De maan houdt verband met verschijnselen die buiten de alledaagse belevingswereld vallen. Het bleke maanlicht wijst ons vaak andere wegen dan het uitbundige licht van de zon.

In omgekeerde ligging wijst deze kaart op kleine teleurstellingen en foutjes. U hebt misschien het idee dat u niet doelgericht bezig bent. U neigt tot angst en argwaan. Misschien treedt iemand in uw omgeving manipulatief op. Misschien bent u wat te praktisch ingesteld, vat u alles te letterlijk op en durft u zich nooit aan een dwaasheid over te geven. Deze kaart is verbonden met de geestelijke gezondheid, waarop de maan van invloed heette te zijn. Edgar in *Koning Lear* en Hamlet doen alsof ze niet goed wijs zijn om hun ware bedoelingen te verhullen. "Nu werd de winter onzer wreev'le stemming tot blijden zomer door de zon van York" (I.I.I.), zegt de hertog van Gloucester in *Richard III*. Het lijkt paais en vree in de wereld, maar het publiek weet maar al te goed wat er komen gaat!

19 – DE ZON:
koning van Navarre en de Franse prinses

Uit vrouwenoogen trek ik deze leer:
Zij sprank'len staág het echt Prometheus-vuur;
Zij zijn het boek, de kunst, de hoogeschool,
Die heel de wereld leert, omvat en voedt;
En niemand anders is in iets voortreffelijk.
Dies waart gij dwaas, toen gij deez' vrouwen afzwoert,
En houdt gij wat gij zwoert, dan blijkt gij dwaas.
In naam der wijsheid – 't woord, dat mannen minnen, –
In naam der min, – het woord, dat mannen streelt, –
In naam der mannen, – scheppers dezer vrouwen, –
In naam der vrouwen, – de oorsprong van ons, mannen, –
Verzaken we onzen eed, tot ons behoud,
Want wie deze eeden houdt, verzaakt zichzelf.

– Veel gemin, geen gewin (4.3.350–362)

PERSONAGE

Ferdinand, de koning van Navarre, zweert de omgang met vrouwen en alle andere geneugten des levens af. Drie jaar lang zullen hij en zijn kameraden zich wijden aan studie en onthouding. Uiteraard is deze oorlog tegen "'t reusachtig leger der wereldse geneugten" al bij voorbaat een verloren zaak. Algauw arriveert de Franse prinses, vergezeld door drie hofdames. Vervolgens maken de betrokkenen elkaar op uiterst gestileerde wijze het hof. Het stuk wordt gekenmerkt door uitbundig taalgebruik en is een lofzang op het leven en de liefde. De mannen schrijven sonnetten waarin ze hun geliefde met de zon vergelijken en de vrouwen laten hun minnaars op een speelse manier blauwtjes lopen. Wanneer de mannen ontdekken dat ze allemaal hun gelofte hebben gebroken, erkent de koning opgewekt: "Zijn wij allen niet verliefd en zondig?" (4.3.282). Biron drijft de spot met de futiliteit van hun plannen, met de woorden: "Licht, dat naar licht zoekt, rooft het licht aan 't licht" (1.1.77). Het komt eropneer dat de mannen zich niet voorgoed tussen de boeken kunnen terugtrekken. Waarachtige inspiratie komt niet uit het hoofd, maar uit het hart.

De koning en zijn metgezellen benaderen het liefdesspel alsof ze in een heuse veldtocht verwikkeld zijn: "ontpluikt uw standaards, heeren, er op los!... doch hoort mijn raad, zorgt in den strijd de zon haar af te dwingen" (4.3.367). Anders gezegd, de vijand moet zodanig worden benaderd dat hij door de zon wordt verblind. In vermomming bezoeken de heren de dames, die hen al opwachten en eveneens gemaskerd zijn. Zelfs wanneer zij het verzoek krijgen: "Gun ons den zonneschijn van uw gelaat, opdat wij, als de wilden, dien aanbidden" (5.2.201), misleiden de dames de heren zodat ieder van hen de verkeerde vrouw het hof maakt. Als de prinses naar Frankrijk terug moet, lijken alle amoureuze inspanningen tevergeefs te zijn geweest. Maar de koning hoopt dat dit maar tijdelijk is. De prinses daagt hem uit zich aan zijn oorspronkelijke gelofte te houden en een jaar lang van alle geneugten des levens af te zien. De koning gaat daar bereidwillig op in. Pas na zijn boetedoening zal hij in staat zijn tot waarachtige, duurzame liefde.

ROL

Deze positieve kaart behoort tot de gunstigste van het hele spel, want hij duidt op vreugde, triomf en de mogelijkheid om uw aspiraties te verwezenlijken en uw doelen te bereiken. U hebt nu de kans uitbundig en vol zelfvertrouwen te leven, initiatieven te nemen en te genieten van al het goede dat voor u in het verschiet ligt. De zon is een voorbode van geluk en goede, evenwichtige relaties. Denk maar aan de plotselinge energie en het enthousiasme van de koning en de andere heren na de komst van de prinses en haar dames. De toekomst wordt met optimisme tegemoet gezien, omdat alles mogelijk lijkt. U hebt het hemellichaam ontdekt dat het middelpunt van uw persoonlijke universum is en u kunt zich baden in de warme gloed van liefde en aandacht. Vorsten hebben zichzelf vaak vergeleken met de zon, en het voorgesteld alsof zij hun goedgunstigheid en wijsheid als zonnestralen over hun onderdanen lieten schijnen. Richard III vergeleek zijn onttroning met een zonsondergang: "Af! Af! Ik daal; als Phaëton de snoever" (3.3.178). Alles wat mooi en glorieus is, wordt wel met de zon vergeleken. Uw levenskracht straalt warmte en licht uit. Uw levensdoel is zonneklaar, u zindert van creativiteit en inspiratie, en u zet het leven van uw naasten in een warme gloed. Het licht van waarheid en rede maakt korte metten met somberheid en onwetendheid.

In omgekeerde ligging heeft deze kaart meestal dezelfde betekenis als in normale ligging, maar in sterkere of juist geringere mate. Geluk wordt niet als zodanig herkend of lijkt te mooi om waar te zijn. Deze kaart kan duiden op een 'verstokte vrijgezel' die net als de koning van Navarre opeens de vrouw van zijn dromen zal leren kennen. Misschien hebt u het idee dat u uw succes of voorspoed niet verdient. Een bepaalde situatie kan te intens voor u worden. Misschien gebeurt er iets waardoor er een wolk voor de zon schuift. Misschien bent u opgebrand. Misschien lijdt iemand aan grootheidswaanzin, zoals kardinaal Wolsey in *Hendrik VIII*, wiens rijkdom en macht die van de koning bijna overtreffen.

20 - HET OORDEEL: Vincentio

Geen voorrechtsteeken, 's werelds grooten eigen,
Geen koningskroon, geen stedehouderszwaard,
Geen maarschalksstaf, geen rechterambtsgewaad,
Verleent aan wie het draagt slechts half de schoonheid,
Die hem genade schenkt.

– Maat voor maat (2.2.59–63)

PERSONAGE

Aan het begin van dit stuk benoemt Vincentio, de hertog van Wenen, Angelo tot tijdelijk regent in zijn plaats. De hertog doet alsof hij de stad uitgaat, maar vermomt zich als monnik om Angelo te kunnen bespioneren. Vincentio erkent dat hij te slap geworden is en hoopt dat Angelo de zeden strenger zal handhaven en de oude wetten weer in ere zal herstellen. Hij is ook van plan om Angelo, die doorgaat voor een deugdzaam mens, eens op de proef te stellen: "Zoo machtbezit een mensch kan toetsen, blijkt bij hem ook, of zijn aard zijn schijn gelijkt" (1.3.53).

    Angelo houdt zich strikt aan de letter van de wet en kent geen enkele clementie. Hij veroordeelt Claudio ter dood, enkel en alleen omdat hij zijn verloofde zwanger heeft gemaakt. Isabella smeekt Angelo om het leven van haar broer te sparen en vraagt hem: "Hoe waar 't met u, als Hij, het allerhoogste recht, u richtte?" (2.2.75). Later zal de proef op de som worden genomen, maar haar gepassioneerde verzoek maakt in Angelo aanvankelijk geen welwillendheid maar wellust los. Hij blijkt als het erop aankomt zelfs net zo verdorven te zijn als de mensen die hij veroordeelt. Hij is bereid Claudio's leven te sparen als hij met Isabella naar bed mag, maar zij geeft niet toe. Vincentio, nog steeds vermomd als monnik, bedenkt een plan om Isabella haar eer te laten behouden en Claudio te redden. Maar dan trekt Angelo zijn belofte in en bekrachtigt het doodvonnis. De monnik haalt de schout over om een andere gevangene te onthoofden, door hem te verzekeren dat de hertog snel zal terugkeren. Hij vertelt Isabella niet dat haar broer nog in leven is, maar laat haar langer nadenken over de relatie tussen oordeel en welwillendheid.

Na zijn 'terugkeer' veroordeelt Vincentio Angelo ter dood omdat hij Claudio heeft laten vonnissen: "Voor spoed wordt spoed vergolden, kwaad voor kwaad, gelijk steeds voor gelijk, en maat voor maat" (5.1.415). Isabella, die meent dat Claudio dood is, geeft echter blijk van de genade die Angelo niet kon opbrengen, en vraagt Vincentio zijn leven te sparen. Vincentio willigt haar verzoek in en laat zien dat de wet niet meedogenloos is: "De hemel doet met ons als wij met toortsen; die lichten niet voor zich; – zoo onze deugden niet uit ons stralen, konden ze evengoed ons niet verleend zijn" (1.1.33). Vanaf nu zal er in Wenen milder worden geoordeeld.

ROL

Deze kaart wijst op een ontwaken, een bereidheid om bewuster in het leven te staan en misschien afstand te doen van bepaalde beperkingen. Accepteer oude fouten en wees vergevingsgezind – tegenover uzelf en tegenover anderen – en ga terug naar af. Misschien is het tijd om oordelen te vellen, om de zaken eens op een rijtje te zetten en na te gaan wat de gevolgen van uw optreden zijn geweest. Misschien wordt u beloond voor uw vroegere inspanningen, misschien geeft of krijgt u kritiek en komt u in het reine met zaken uit het verleden of met aspecten van uzelf die u liever verborgen hield. Misschien is het tijd om oude missers goed te maken of beoordelingsfouten ongedaan te maken. Misschien speelt uw geweten op wanneer u eerlijk over uw daden nadenkt. Wellicht zijn er belangrijke lessen te leren en krijgt u de kans uw kennis in praktijk te brengen. Mogelijk stuit u op ongekende mogelijkheden in uzelf. Misschien ligt er een tweede kans in het verschiet, zoals Vincentio die aan Angelo biedt. Het zou kunnen dat u nieuwe wegen in het leven moet inslaan en uw bestaan nieuwe zin kunt geven. Misschien voelt u zich als herboren doordat u een belangrijke waarheid ontdekt of eindelijk uw ware bestemming in het leven vindt. Deze kaart geeft aan dat het hoog tijd is om uw bestaan in eigen hand te nemen en dat u moet ophouden anderen verantwoordelijk te houden voor uw teleurstellingen en gemiste kansen. U zult moeten leren uw situatie op te vatten als een direct gevolg van al uw vroegere besluiten en daden. Denk aan de fantastische mogelijkheden die de toekomst voor u in petto heeft en besluit wat u wilt met uw leven.

In omgekeerde ligging wijst deze kaart op onwil om de feiten onder ogen te zien, verantwoordelijkheden te nemen en uw eigen aandeel in uw situatie te erkennen. Misschien is het leven doorgegaan maar bent u stil blijven staan. Misschien volhardt u in uw oude gewoonten en geeft u de voorkeur aan de 'veiligheid' van uw ingesleten gewoonten en uw illusies. Misschien bent u niet in staat de dingen te overzien of lijdt u aan besluiteloosheid. Mogelijk negeert u de echte problemen. Wellicht is er sprake van een scheiding of een moeilijke overgangssituatie. Een rechtszaak kan op een teleurstelling uitlopen. Misschien staat iemand kritisch of bevooroordeeld tegenover u. Mogelijk worden er slechte beslissingen genomen. Misschien ook weigert u uw verplichtingen onder ogen te zien, zoals Angelo, die zijn verloofde Mariana versmaadt.

21 - DE WERELD: het Globe Theatre

Heel de wereld is tooneel;
En mannen, vrouwen, allen, enkel spelers.
Zij komen op en treden weder af;
En elk vervult in 't leven vele rollen,
In zeven levenstrappen.

– Elk wat wils (2.7.139–143)

PERSONAGE

Tussen de veelhoekige muren van het Globe Theatre lag een complete wereld besloten. Dit theater kende een romantische geschiedenis. In 1598 was Shakespeares toneelgezelschap letterlijk dakloos. Na de dood van hun geldschieter James Burbage zaten de acteurs dringend om geld en een theater verlegen. Vanwege een huurgeschil konden ze het Shoreditch-theater niet meer gebruiken, maar toen werd er een gedurfd plan uitgedacht. Op een decemberavond sloopten werklieden het oude gebouw en vervoerden de bouwmaterialen over de Theems naar Southwark. Daar werd direct begonnen met de bouw van het Globe Theatre en ontstond meteen een nieuw juridisch conflict over de manier waarop dat totstandkwam.

Op het uithangbord van de Globe stond Hercules afgebeeld met de wereld op zijn schouders. In dit kleine universum, onder een met sterren en planeten beschilderd plafond, onthaalden de acteurs hun publiek op een magische reis om de wereld. In 1613 kwam er een spectaculair einde aan het bestaan van het theater. Tijdens een opvoering van *Hendrik VIII* vatte het rieten dak vlam door een kanonschot: in nog geen twee uur tijd brandde het gebouw tot de grond toe af. Het theater werd echter herbouwd en bleef in gebruik totdat het Engelse parlement in 1642 alle theaters sloot.

Voor Shakespeare waren mensen als acteurs op een toneel, die afhankelijk van de kansen die het leven hun bood hun rol goed, slecht of middelmatig vertolkten. In *Elk wat wils* verwijst hij nadrukkelijk naar zijn vak, maar in al zijn stukken komt het wel even aan de orde. Gekweld door schuldgevoel klaagt Macbeth: "Een schim, die waart, is 't leven; een arm speler, die op 't tooneel zijn uurtjen praalt en raast, en dan verstomt, verdwijnt; het is een sprookjen, verteld, vol galm en drift, door een onnooz'le, gansch zonder zin" (5.5.24). Richard II speelt altijd toneel, zelfs wanneer hij alleen is en alleen zichzelf als toehoorder heeft: "Zoo speel ik veel personen, gansch alleen, nooit een tevreed'ne" (5.5.31). Wie herkent niet de plankenkoorts zoals die wordt beschreven in sonnet 23 ("gelijk een zwakke speler op 't tooneel, wien koortsige angst zijn rol vergeten doet") en wie kan zich niet identificeren met Coriolanus' wanhoop ("als een verbijsterd speler ken ik mijn rol niet meer" 5.3.40)? Hamlet geeft de rondreizende acteurs de beroemdste regieaanwijzingen uit de theatergeschiedenis: "Ik bid u, spreekt dit gedeelte, zoals ik het u voorzeide, vlot van de tong" (3.2.1). Volgens sommigen laten deze woorden ons zien hoe Shakespeare zelf over acteren dacht. In *Een midzomernachtsdroom* verwoordt Theseus Shakespeares mening over acteurs – en de mensheid – met de uitspraak: "De beste van deze soort zijn slechts schimmen en de slechtste zijn niet slechter, wanneer de verbeeldingskracht haar te hulp komt" (5.1.213). Zo blijft de wereld dankzij compassie, liefdadigheid en inzicht draaien.

ROL

Deze positieve kaart is tekenend voor de emoties die Richard Burbage moet hebben ervaren toen hij, na tijdens een première Richard III te hebben vertolkt, op een stormachtig applaus werd onthaald. Het is een heel elementair gevoel, maar de voldoening en vreugde zijn er niet minder om. Tijdens de voorstelling die uw leven is, kunt u applaus, bloemen en juichende kritieken oogsten. Geniet, net als een acteur die opgaat in zijn rol, van het hier en nu. Laat u koesteren door het voetlicht, maar vergeet niet uw medespelers te bedanken.

Shakespeare verwerkte in al zijn stukken elementen uit zijn eigen leven. U kunt alle ervaringen uit uw leven combineren tot een zinrijk geheel. Het Globe Theatre staat voor groei, kennisverwerving en vooruitkomen in het leven. Shakespeare was niet academisch gevormd, maar kon scherp observeren. Hij leerde door middel van zijn schrijven. Ook al maakt u geen letterlijke wereldreis, in de loop van uw leven zult u veel indrukken opdoen. Misschien eindigt u op hetzelfde punt waar u begon, maar u zult dan wel een stuk wijzer zijn geworden. Verschuil u niet in de coulissen. U bent uw eigen schrijver, regisseur, cast en producent. Schrijf een goed scenario, ontwerp fraaie decors en kostuums, ken uw tekst en durf te improviseren: op die manier zult u veel succes boeken. Streef het hoogste na, maar blijf met beide benen op de grond staan. Deze kaart suggereert dat uw wensen kunnen uitkomen. Het kan u voor de wind gaan. Toen Shakespeare met schrijven stopte, was hij een gerespecteerd en rijk man. Vergeet echter niet dat u pas aan het begin staat. Geniet van uw successen, maar morgen moet u weer het toneel op en zult u weer alles moeten geven. Doe steeds uw uiterste best: dan kunt u de wereld veroveren.

In omgekeerde ligging wijst deze kaart op een wereld die niet in evenwicht is. In Shakespeares tijd waren de theaters tijdens epidemieën gesloten. Misschien wilt u zich een poosje terugtrekken. Soms is het makkelijker om achter de schermen actief te zijn. Schrijvers herschrijven hun werk voortdurend: misschien vindt u het moeilijk de laatste hand aan iets te leggen. Mogelijk valt het eindresultaat van uw werk u tegen. Denk dan aan deze uitspraak van Aaron in *Titus Andronicus*: "Dat, kunt gij 't niet, zooals ge wilt bekomen, gij 't met geweld, zoals gij kunt, erlangt" (2.1.106). Misschien is uw visie te weinig globaal. Laat u echter ook niet door goede reacties in slaap sussen. In *Koning Hendrik VI* merkt Jeanne d'Arc terecht op: "De roem is als een cirkel in het water, die immer meer en zich verder verbreidt, totdat hij, wijder steeds, tot niets vervloeit" (deel I, 1.2.133). Dit wijst op een gevoel van leegte na de voltooiing van een project. Zelfs Shakespeare moet zich een beetje verdrietig hebben gevoeld, telkens wanneer hij een stuk had afgerond.

Bijrollen en regieaanwijzingen
(de kleine arcana)

Deze 56 kaarten omvatten de 4 hofkaarten en 10 getalkaarten van de bekers, munten, zwaarden en staven. Ze geven een praktische, alledaagse betekenis aan de universele thema's van de grote arcana. Afhankelijk van de vraagstelling en de context van de kaarten in een bepaalde ligging kunnen ze staan voor ervaringen, beslissingen, emoties, motieven, gedachten en uitingsvormen uit het dagelijks leven of doen suggesties voor toekomstig handelen.

DE KLEUREN

Bekers vertegenwoordigen alles wat vloeiend, naar binnen gericht en bevorderlijk voor het leven is. Het is de kleur van emoties, relaties en bespiegeling.

Munten vertegenwoordigen de activiteit van de geest op een praktisch niveau. Het is de kleur van de materiële beslommeringen, de zekerheid, de waarde, het praktische en de voorspoed.

Zwaarden vertegenwoordigen abstracte, theoretische geestelijke activiteiten. Het is de kleur van het intellect, de rede, de creativiteit, de probleemoplossing, de communicatie, de waarheid en de rechtvaardigheid.

Staven vertegenwoordigen energie en actie. Het is de kleur van de fysieke kracht, het spel, het reizen, de inspiratie, de impulsiviteit, de ambitie en de persoonlijke ontwikkeling.

DE HOFKAARTEN

De koning, de koningin, de prins en de prinses van de diverse kleuren kunnen staan voor uzelf of uw eigenschappen en levenshouding. Ze kunnen ook staan voor invloedrijke mensen in uw leven: een ouder, broer of zus, collega, vriend(in) of geliefde. Meestal staan de mannelijke kaarten voor een man en de vrouwelijke voor een vrouw, maar dat is niet altijd het geval. Ze kunnen ook iemands mannelijke en vrouwelijke aspecten aanduiden. Ten tijde van Shakespeare werden de vrouwenrollen in het theater door mannen en jongens gespeeld. Beschouw deze kaarten daarom als de kostuums waarin een acteur zich kan hullen. Let op de context waarin een kaart verschijnt om zijn betekenis beter te kunnen begrijpen.

DE GETALKAARTEN

De getalkaarten verwijzen naar ervaringen, alledaagse gebeurtenissen, handelingen, doelstellingen, besluiten, situaties en uw reacties daarop, motieven, redenen, rechtvaardigingen, verlangens, angsten en de uitwerking van uw daden op anderen. Ze bieden inzicht in de achtergrond van uw daden en geven suggesties voor ander gedrag. Alle getallen hebben, ongeacht hun kleur, algemene betekenissen.

I: de essentie en het potentieel van de kleur, begin, fundament.

II: tegengestelden, conflict, besluiten, dualiteit, partnerschap, relatie.

III: groei, resultaten, actie, synthese, samenwerking, plannen, enthousiasme.

IV: stabiliteit, soliditeit, organisatie, logica, veiligheid, orde, discipline.

V: wisselvalligheid, verandering, onzekerheid, verlies, spijt, toekomstige hindernissen.

VI: vooruitgang, perspectief, keerpunt, balans, sociale problemen.

VII: spanning tussen creativiteit en realiteit, waarde, vooruitgang, wijsheid.

VIII: balans van tegenpolen, stellen van prioriteiten, verstoring, transformatie.

IX: innerlijke kracht, prestatie, vervulling, perfectie, conclusie.

X: verantwoordelijkheden, voltooiing, wijsheid door ervaring, culminatie.

BEKERS PRINSES: Rosalinde

Sluit voor een vrouwenvernuft de deur, en het gaat door het venster naar buiten; sluit dit toe en het kruipt door een sleutelgat; stop dit dicht, en het vliegt met den rook den schoorsteen uit.

– Elk wat wils (4.1.162–165)

PERSONAGE

In *Elk wat wils* draait alles om Rosalinde. Ze is een in alle opzichten evenwichtig, bekoorlijk en opgewekt meisje zonder pretenties. Ze is lief en verstandig, gul en vergevingsgezind, en in staat echte liefde te geven en te ervaren, hoewel ze de spot drijft met overdreven verliefd gedrag. Haar nieuwsgierigheid en vitaliteit zijn even aanstekelijk en oprecht als haar levensvreugde.

Rosalinde is de dochter van de verbannen hertog. Ze woont met veel plezier in bij haar nicht Celia, de dochter van de usurpator hertog Frederik, de broer van de verbannen hertog. De meisjes leren Orlando kennen bij een worstelwedstrijd die Orlando's broer Olivier heeft georganiseerd om Orlando te vermoorden. Rosalinde wordt meteen verliefd op Orlando, die ook op haar valt. Nadat Orlando de worstelwedstrijd heeft gewonnen, moet hij zich in het bos schuilhouden voor zijn broer. Als Rosalinde door hertog Frederik wordt verbannen, gaat Celia met haar mee: de meisjes zijn vermomd als Ganymedes en diens zuster Aliena. Ze gaan naar het woud waar ook Rosalindes vader verblijft, vergezeld door onder anderen de wijsgeer Jacques. In haar vermomming hoeft Rosalinde zich niet te storen aan de gedragsregels voor vrouwen. Als ze Orlando in het bos ontmoet, doet ze zich voor als een expert in de liefde, die hem graag van zijn 'kwaal' wil 'genezen'. Ze ontdekt hoeveel Orlando om haar geeft en beseft wat ze zelf voor hem voelt. Ze benadert de liefde als een spel en gaat in tegen de amoureuze hysterie: "De menschen zijn van tijd tot tijd gestorven... maar niet van liefde" (4.1.107). Toch wordt ze ook zelf hevig verliefd. Uiteindelijk verwerven Rosalinde en Orlando, en de andere liefdesparen uit het stuk zoals Toetssteen en Dorothea, Sylvius en Phebe, Celia en Olivier, via de liefde meer wijsheid, zelfkennis en inzicht dan de melancholieke piekeraar Jacques.

ROL

Bekers prinses moedigt u aan u open te stellen voor de liefde. Net zoals Rosalinde bij toeval Orlando leerde kennen, kunt u opeens een aantrekkelijk persoon ontmoeten. Deze warme prinses is jong van hart, luchthartig en openhartig. Ze heeft het hart op de tong en stimuleert u om even spontaan te zijn als zij. Ze is sympathiek, begripvol en kan luisteren zonder te veroordelen. Ze verdrijft woede en bitterheid, en is een loyale en warme vriendin. Ze is optimistisch, zelfverzekerd en goed van vertrouwen. De manier waarop Rosalinde zich voor Ganymedes uitgeeft, laat zien hoeveel fantasie ze heeft. Ze is humoristisch en amusant ("Ik hield er liever een nar op na, om mij vroolijk, dan ondervinding, om mij zwaarmoedig te maken" 4.1.27), en met haar speelsheid schenkt ze anderen vreugde. Ze is volstrekt niet jaloers of bezitterig aangelegd. Bekers prinses droomt van romantiek en gelooft dat voor haar en voor ieder ander een lang en gelukkig leven is weggelegd. Haar intuïtie stuurt haar vaak de goede kant uit. Ze benut graag een kans om anderen te helpen bij het bereiken van hun doel. Ze kan duiden op een mogelijkheid iemand beter te leren kennen – net zoals Rosalinde in haar vermomming als Ganymedes Orlando beter leert kennen. Ze beleeft veel plezier aan haar relaties. Voor haar is alles mogelijk. Ze zal nooit zo rijk worden als munten prinses, maar haar rijkdom heeft meer waarde dan het materiële: zij is emotioneel in balans en volledig zichzelf.

In omgekeerde ligging wijst deze kaart op onplezierig nieuws, zoals Rosalindes onverwachte verbanning of een weigering om aandacht of goede raad te geven. Hij kan duiden op iemand die zwak, overgevoelig of ondankbaar is. Misschien is iemand bang voor de liefde of moet hij of zij voortdurend overtuigd worden van de gevoelens van een ander. Er kunnen zich hindernissen voordoen. Misschien gedraagt iemand zich onromantisch of gevoelloos, zoals Jacques, die op de liefde neerkijkt.

BEKERS PRINS: Valentijn

Amor is een machtig heerser;
Zoo ben ik thans zijn slaaf, dat ik belijd:
Geen leed komt zijne tuchtiging nabij,
Maar ook, geen and're vreugd op aard zijn dienst!
Thans, geen gesprek meer, dan van liefde alleen;
Mijn ochtend-, middag-, avondmaal, mijn slaap,
Ja, alles is mij 't enkel woordjen 'Liefde'.

– Twee edellieden van Verona (2.4.136–142)

PERSONAGE

Valentijn vertrekt uit Verona om wat van de wereld te zien. Dat was indertijd iets heel vanzelfsprekends voor een welgesteld man. Hij laat zijn vriend Proteus achter, die zijn studie verwaarloost om Julia het hof te maken. Valentijn belandt in Milaan, waar hij verliefd wordt op Silvia, de dochter van de hertog. Als Proteus ook naar Milaan komt (gevolgd door de als jongen vermomde Julia), stelt Valentijn hem aan Silvia voor, van wie hij vindt: "En nu ik dit juweel bezit, zoo rijk als twintig zeeën, ware 't zand ook paarlen, het water nectar, louter goud de rotsen" (2.4.169). Helaas heeft ook Proteus oog voor Silvia's schoonheid en besluit hij haar het hof te gaan maken, want: "Zoo is de heug'nis van mijn vroeg're min nu door een nieuwen aanblik gansch verdoofd" (2.4.194). Hij vertelt de hertog dat Valentijn diezelfde nacht nog Silvia wil schaken, waarop de hertog Valentijn verbant. Voor Valentijn komt dit neer op een doodvonnis, want "wat vreugd is vreugd, is Silvia niet aanwezig?" (3.1.175).

In het bos stuit Valentijn op een uit bannelingen bestaande roversbende. Deze lieden willen hem beroven, maar zodra ze horen wie hij is, benoemen ze hem tot hun hoofdman. In Milaan probeert Proteus intussen Silvia te veroveren door Valentijn in een kwaad daglicht te stellen. Zij doorziet Proteus echter en gaat op zoek naar Valentijn, met Proteus en de vermomde Julia in haar kielzog. In het bos redt

Valentijn Silvia van Proteus, waarna hij zijn nu berouwvolle vriend vergeeft. De hertog is zo onder de indruk dat hij Valentijn Silvia's hand schenkt en, op Valentijns verzoek, alle bendeleden hun straf kwijtscheldt.

ROL

Bekers prins is een dichterlijke, idealistische jongeman die op zoek is naar liefde, schoonheid en de zin van het leven. Hij laat zich leiden door zijn hart, niet door praktische overwegingen. Hij kan duiden op een uitnodiging of een verzoek, of erop wijzen dat u verliefd zult worden op een gevoelig mens. Deze charmante figuur is het prototype van de romantische minnaar, die u een aubade of serenade brengt bij uw slaapkamerraam en u rode rozen geeft. Valentijn heeft een goede raad voor wie een vrouw voor zich wil winnen: "Helpt spreken niet, zoo win haar door geschenken" (3.1.89). Hij adviseert ook vol te houden, omdat een vrouw soms "versmaadt wat haar het meest bekoort". De liefde geeft hem evenveel voldoening als de ontdekking van een onbekende landstreek. Hij is niet bang voor zijn gevoelens, maar blaast ze soms wel tot melodramatische proporties op. Valentijns dienaar constateert dat hij door toedoen van een vrouw volkomen is veranderd en door de liefde helemaal van slag is geraakt. Hij gaat alleen op pad, zucht veel en eet bijna niet. Dit soort hevige emoties kunnen, hoe oprecht ze ook zijn, iemands verstand aantasten, bijvoorbeeld wanneer Valentijn Silvia dreigt op te offeren voor Proteus. Deze prins heeft gevoel voor de goede dingen des levens. Hij probeert zijn bestaan te veraangenamen met avontuur en vermaak. Hij is een dromer die soms het slachtoffer van zijn illusies of zijn rijke fantasie wordt. Tijdens zijn reis heeft hij oog voor het leed van anderen en kijkt hij verder dan zijn neus lang is. Hij attendeert ons op het belang van onze emoties en leert ons dat we niet altijd praktisch hoeven te denken.

In omgekeerde ligging duidt deze kaart op valsheid en verraad. Hij kan wijzen op de aanwezigheid van een sluwe schurk. In de Griekse mythologie was Proteus een zeegod die alle mogelijke gedaanten kon aannemen. Wanneer hij door iemand werd bedwongen, voorspelde hij de toekomst. In het stuk verraadt Proteus Valentijn en vertelt hij de hertog: "Valentijn zij trouwloos, laf gebleken, laag van afkomst" (3.2.31). Uiteindelijk verandert hij weer in een berouwvolle vriend. Misschien is iemand oneerlijk of ligt hij met zijn gevoelens overhoop. Misschien is iemand charmant maar onverantwoordelijk. Mogelijk volgt op een liefdesverklaring geen reactie.

BEKERS KONINGIN: Hermione

...hoe mijn leven
Zoo zedig, kuisch en zonder valschheid was,
Als thans rampzalig; en dat ben ik meer
Dan eenig voorbeeld, dat geschied'nis toont...
....'t Leven
Schat ik als leed en geef het gaarne prijs;
Maar de eere, ze is een erfdeel voor de mijnen,
Voor haar neem ik het woord.

– Een winteravondsprookje (3.2.34–46)

PERSONAGE

Hermione is de fijnzinnige, nobele koningin van Sicilië. Ze is een liefhebbende moeder voor haar zoontje, een trouwe echtgenote en een goede vriendin voor Polyxenes, de jeugdvriend van haar man Leontes. Dat zij Polyxenes kan overhalen om langer op Sicilië te blijven is een bewijs van haar charme, en niet van haar ontrouw, zoals Leontes meent. Wanneer Leontes een aanval van jaloezie krijgt, ontvlucht Polyxenes Sicilië en wordt de zwangere Hermione op beschuldiging van overspel gevangengezet. Als ze later een dochtertje baart, wordt dit kind door Leontes weggestuurd: hij denkt immers dat hij de vader niet is. Hermione zegt tijdens haar berechting: "Weent niet zoo. Gij hebt geen grond: bleek uwe meesteres den kerker te verdienen, weent dan bitter" (2.1.118). Een boodschap van het orakel van Delphi bevestigt haar onschuld, maar Leontes is onvermurwbaar. Plotseling komt het bericht dat hun zoontje is overleden. Hermione valt flauw en later vertelt haar dienares Paulina dat ook zij is overleden. Leontes heeft berouw, maar zijn berouw komt te laat.

Er verstrijken zestien jaar, waarin Hermiones dochter Perdita door een herder wordt grootgebracht in het koninkrijk van Polyxenes. Zijn zoon, prins Florizel, wordt verliefd op haar. Omdat een huwelijk vanwege het standsverschil onmogelijk is, vlucht het stel naar Sicilië in de hoop dat Leontes bij zijn oude vriend een goed woordje voor hen zal willen doen. Nadat duidelijk is geworden dat Perdita de verdwenen prinses is, neemt Paulina iedereen mee naar haar huis voor de onthulling van een 'standbeeld' van Hermione dat ze door een beroemde kunstenaar heeft laten maken. Het beeld is zo levensecht dat het lijkt te ademen. Tot ieders verbijstering beweegt het. De tot leven gekomen Hermione omhelst vervolgens haar man en haar dochter. Uiteindelijk verzoenen alle personages zich met elkaar en worden alle misstappen en fouten uit het verleden vergeven.

ROL

Bekers koningin is moederlijk en vol medeleven. Ze is een liefhebbende, toegewijde moeder en echtgenote. Ze vindt het heerlijk als anderen haar aandacht geven: "Voed ons eens met lof, en maak ons als een schoothond vet ... lof is 't liefste loon" (1.2.91). Ze beleeft het hoogste geluk wanneer ze haar liefde met anderen kan delen. Ze is warm en hartelijk in haar vriendschappen: zo is Hermione een vriendin uit duizenden voor Polyxenes, iets wat door Leontes verkeerd wordt opgevat. Hermione is een van de warmste personages in dit winterse sprookje. De eigenschappen eerlijkheid, openheid en een praktische instelling zijn voor u dan ook van groot belang. Uzelf of iemand in uw naaste omgeving beschikt over een diep en oprecht gevoelsleven. Deze kaart duidt op passie, vreugde en trots. U bent tolerant en vergevingsgezind, en er steekt geen enkel kwaad in u. Zelfs na lange tijd draagt Hermione niemand een kwaad hart toe. Deze koningin duidt op iemand die veel gevoel voor anderen heeft en volkomen open is over haar denk- en belevingswereld. De onvolkomenheden van anderen bedekt ze met de mantel der liefde. Leontes wordt zich opeens pijnlijk bewust van alles wat hij haar heeft aangedaan – zonder dat ze er met een woord over heeft gerept. Zwijgzaam en discreet als ze is, heeft Hermione haar geheim zestien jaar lang weten te bewaren. Deze koningin kan met haar troostende aanwezigheid de pijn en het verdriet in haar omgeving verzachten. Ze is wijs, sereen en een beetje mysterieus: soms lijkt ze te goed voor deze wereld. Ook is ze expressief en artistiek aangelegd. Uiteindelijk presenteert Paulina Hermione als een schitterend kunstwerk. De ideale vrouw komt letterlijk tot leven door Leontes' aanraking.

In omgekeerde ligging duidt deze kaart op grilligheid, frivoliteit en gebrek aan eergevoel. Misschien stelt iemand in uw omgeving zich schandelijk aan. Er kan sprake zijn van onoprechte emoties of overdreven sentimentaliteit. Misschien is iemand onbetrouwbaar gebleken of wel erg wisselvallig in zijn of haar gevoelens, zoals Demetrius en Lysander in *Een midzomernachtsdroom*. Misschien geeft u anderen snel de schuld van problemen, laat u zich te makkelijk beïnvloeden of weigert u naar uw gevoelens te luisteren. Mogelijk is er ijdelheid, jaloezie, verbittering of wraakzucht in het spel. Misschien klampt iemand zich aan u vast en vraagt hij of zij overmatig veel aandacht. Er kan echter ook sprake zijn van een kille, van iedereen vervreemde figuur. Deze kaart wijst op een verleidster, zoals Cressida, of op iemand die zich heeft laten verleiden en de consequenties daarvan niet aankan, zoals Ophelia.

BEKERS KONING: Antonius

De zeeën overschreed zijn voet; zijn arm,
Verheven, was een kroon op de aard; zijn stem
Had aller sferen klank, doch slechts voor vrienden;
Want moest zij 't wereldrond doen sidd'ren, 't fnuiken,
Dan dreunde ze, als de donder rolt.
        ...Maar
Leeft of leefde ooit een man als deze, droomen
Kan hem niet denken. Moog' natuur vaak stof
Tot overvleug'ling der verbeelding missen,
Dacht ze een Antonius, fantasie moet wijken;
Niets zijn haar schimmen.

                – **Antonius en Cleopatra** (5.2.82–99)

PERSONAGE

Van de Antonius uit *Julius Caesar* is aan het begin van *Antonius en Cleopatra* niet veel meer over. De ferme politicus en moedige generaal lijkt ten prooi te zijn gevallen aan de grillen van een lichtzinnige vrouw. Antonius is, als minnaar van de dubieuze Cleopatra, geen geloofwaardig wereldleider. Hij wordt verscheurd tussen de romance die hij in Egypte beleeft en het harde politieke leven in Rome. Uiteindelijk gaat hij aan zijn passie ten onder.

    In wezen is Antonius een eerlijk en sympathiek man. In *Julius Caesar* is hij een zelfverzekerd, zij het cynisch politicus en een begaafd redenaar, het toonbeeld van een krachtig Romeins leider. Hij voerde eens het bevel over machtige legers, maar nu negeert hij alle oproepen om naar Rome terug te keren. Zijn impulsieve huwelijk met Octavia, gesloten om zijn bondgenootschap met Octavianus Caesar te versterken, is tot mislukking gedoemd, want Antonius staat machteloos tegenover de verleidelijke Cleopatra. "Met mijn eer ben ik ook zelf verloren" (3.4.22), zegt Antonius, maar hij offert alles op voor de Egyptische koningin – ook zijn eer. Hij is niet door de liefde verblind – hij beoordeelt zijn gevoelens scherp, ook al dreigt hij zichzelf volledig kwijt te raken: "Ja, gij ziet Antonius, maar blijvend is de vorm niet"

(4.14.13). Zijn liefde leert hem dat hij een kant in zich heeft die hij nooit had vermoed. Hij wordt iemand die voor de liefde alles opzij zet. Wanneer hij meent dat Cleopatra dood is, doorsteekt hij zichzelf. Hij blijft nog net lang genoeg in leven om in haar armen te sterven. Door een einde aan zijn leven te maken vlucht hij naar een plaats "waar zielen zich op bloemen nedervlijen". Hij sterft als een groot man. Niemand anders kan aan hem tippen. Zelfs Octavianus Caesar beseft dat hij weliswaar heeft gezegevierd, maar dat Antonius onsterfelijk is geworden. Valt het Antonius kwalijk te nemen dat hij voor de liefde heeft gekozen en niet voor succes in de politiek? Wanneer Cleopatra de lof van deze heldhaftige figuur zingt, vergeten we al zijn tekortkomingen.

ROL

Bekers koning is ambitieus en idealistisch. Hij is een wijs, bekwaam en betrouwbaar man met een groot verantwoordelijkheidsgevoel. Hij is een rechtvaardig en goed leider, die zijn aanhangers aan zich kan binden zonder zijn eigen kwetsbaarheid te hoeven verhullen. Deze koning is ook een romanticus die zijn gevoelens laat meespelen. Het kost hem soms moeite om onder de stormachtige opwellingen van zijn emoties overeind te blijven. Als gezagsdrager moet hij zijn zachte kant naar de achtergrond schuiven om geen zwakke indruk te maken, maar uiteindelijk zien zijn soldaten hem toch voor een zwakkeling aan. Deze koning kan peilloos diepe gevoelens koesteren. De krachtige leider Antonius was volkomen uit het veld geslagen door de dood van Caesar en Brutus, en bezweek uiteindelijk voor de charmes van Cleopatra. Toch kan deze koning ook een ingehouden en kille indruk maken. Hij meent dat hij de tegenstrijdige kanten in zichzelf kan verzoenen, net zoals Antonius meende dat hij zijn politieke plichten en de liefde, en Rome en Egypte met elkaar kon verenigen.

Bekers koning is vriendelijk, hoffelijk en gul – zowel met aandacht als met geschenken. Antonius schenkt een groot deel van zijn rijk aan Cleopatra. Zijn liefde is onvoorwaardelijk en hij vindt het heerlijk wanneer hij anderen een hart onder de riem kan steken. Hij leeft met anderen mee en vergeeft gemakkelijk. Wel is hij soms wat té zacht. Verdriet is geen onbekend gevoel voor hem. Als in zichzelf gekeerd man vervalt hij snel tot melancholie. Hij kan een leraar, een weldoener, een raadgever of een vaderlijke figuur zijn. Antonius was dertien jaar ouder dan Cleopatra. Creatief en wijsgerig ingesteld als hij is, kan hij verstandige adviezen geven, maar hij waardeert ook de geneugten des levens. Zo zegt hij tegen Cleopatra: "Maar kom, nog eens een dolle nacht!" (3.13.183).

In omgekeerde ligging duidt deze kaart op twijfel, of op een schandaal. Mogelijk is een leidinggevende figuur manipulatief of oneerlijk, zoals Octavianus Caear, die Cleopatra valse beloften deed. Misschien verbergt iemand zijn of haar ware gevoelens achter een sympathieke façade of manipuleert hij of zij anderen. Misschien gedraagt iemand zich als vleier, zoals Bushy, Bagot en Green in *Richard II*. Misschien vertelt iemand anderen precies wat ze willen horen, zoals Lucio in *Maat voor maat*, of doet iemand zich belangrijk voor met het oog op zijn of haar eigen ambities, zoals Parolles in *Eind goed, al goed*. Misschien heeft iemand last van zelfmedelijden. Misschien ook ontkent u uw eigen gevoelens om een ander ter wille te zijn of verkeert u in een situatie die u eigenlijk onverschillig laat.

BEKERS I

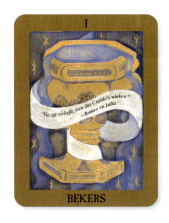

Ge zijt verliefd; leen dus Cupido's wieken.
— Romeo en Julia (I.4.17)

Mercurio zegt dit voorafgaand aan het feest van de Capulets tegen Romeo. Deze van liefde en vreugde doortrokken kaart staat voor de vervulling van belangrijke wensen. Hij duidt op de mogelijkheid van een nieuwe relatie of de verdieping van een bestaande verhouding. Hij kan wijzen op een huwelijk of een geboorte. Hij symboliseert een liefde die u verbindt met iets wat groter is dan uzelf. Hij hangt tevens samen met dromen, visioenen en intuïtieve vermoedens. Misschien wacht u een grote spirituele doorbraak. Mogelijk is er een belangrijk samenzijn op komst. Benvolio bezweert Romeo en Mercutio dat er geen sprake zal zijn van "een liefdegod, die ons naar binnen brengt, geblinddoekt en als een Tataar gewapend" (I.4.4). Hij bedoelt daarmee dat men ongemaskerd naar het feest gaat. Druk u eerlijk en oprecht uit en verschuil u niet achter een masker of excuses. U gaat een gelukkige en productieve tijd tegemoet. Doe wat u het liefste doet en wees dankbaar voor het goede dat u ten deel valt.

In omgekeerde ligging kan deze kaart aangeven dat u graag uit uw schulp wilt kruipen en nieuwe mensen wilt leren kennen, maar dat u daarin wordt belemmerd. Misschien bent u bang voor een (onbeantwoorde) liefde, zoals die van Paris voor Julia. Mogelijk gedraagt iemand zich inconsequent. Misschien ook probeert u uw gevoelens te verbergen, stelt u zich afstandelijk op en verzet u zich tegen een nieuwe relatie. Er kan sprake zijn van onoprechte gevoelsuitingen, zoals de vleierijen van Goneril en Regan aan het adres van koning Lear. Hij wilde die graag horen, maar ze waren niet oprecht.

BEKERS II

Bij de echt van trouwe zielen spreek' men niet van hindernissen.

– Sonnet 116

Dit sonnet is eigenlijk geen liefdesverklaring, maar een definitie van de liefde. Volgens Shakespeare is liefde een noodzakelijk vereiste voor een huwelijk en is het huwelijk niets minder dan een versmelting van verwante zielen. Ware liefde is even standvastig als de poolster, wat er ook gebeurt. Zulke liefde is niet te koop, de waarde is niet in getallen uit te drukken. Ware liefde is eeuwig en niet gebonden aan tijd of ruimte. Ware liefde bindt mensen zelfs tot na de dood, zoals in het geval van Romeo en Julia. Deze kaart voorspelt veel goeds over een relatie, want hij staat voor verenigbaarheid en emotioneel evenwicht. Hij kan zowel verwijzen naar een zakelijke of vriendschappelijke verhouding als naar een liefdesrelatie of een huwelijk. Misschien staat u een romance te wachten, misschien wordt een ruzie bijgelegd. De kaart staat voor geestelijk evenwicht en voor respect tussen mensen. Hij kan erop duiden dat tegenpolen elkaar aantrekken, of dat twee mensen een compromis sluiten. Hij houdt ook verband met de balans tussen mannelijke en vrouwelijke aspecten – denk daarbij aan Shakespeares vrouwelijke personages die zich in mannenkleren steken, zoals Viola, Rosalinde en Portia.

In omgekeerde ligging duidt de kaart op hindernissen voor de liefde, holle hartstocht, valse vriendschap en verstoorde relaties. Wat u voor liefde aanzag, was misschien alleen wellust, zoals de gevoelens die Venus voor Adonis koesterde. Misschien is er sprake van afnemende of onbevredigende liefdesgevoelens. Misschien vertrouwt u iemand niet meer of wacht u een breuk of scheiding. Misschien wordt al uw hoop ingeslagen. Deze kaart is echter zo positief dat het weinig om het lijf zal hebben. Denk aan alle door Shakespeare beschreven liefdesparen die ondanks forse tegenslagen van elkaar zijn blijven houden.

BEKERS III

Vraag mij maar, wat gij wilt en ik sta het toe.
— Elk wat wils (4.1.113)

Deze sublieme komedie is een verrukkelijk stuk. Ondanks de problemen aan het begin en het gemopper van de zure Jacques is voor alle personages een goede afloop weggelegd. Ook Celia's uitspraak "O wonderbaar, wonderbaar, en allerwonderbaarlijkst wonderbaar!" (3.2.201) was een geschikt citaat voor deze kaart geweest. Hij staat voor uitbundige vreugde, voor een overvloed aan positieve gevoelens. Alles is mogelijk, ieders wensen kunnen worden vervuld. Deze kaart voorspelt veel goeds voor vriendschappen en andere relaties. Iets wat u dierbaar is, zal u veel voldoening gaan schenken. Problemen zullen als sneeuw voor de zon verdwijnen. Rosalinde ontmoet Orlando bij een worstelwedstrijd: wie weet waar u uw grote liefde zult leren kennen! Geluk, voldoening en succes liggen voor u in het verschiet. *Elk wat wils* eindigt met een uitbundig feest, waarbij huwelijken worden afgekondigd, familieruzies voorgoed worden bijgelegd en iedereen elkaar vergeeft.

In omgekeerde ligging geeft deze kaart aan dat u misschien wat te veel van het goede hebt gehad. Wellicht hebt u wat te veel feestgevierd, zodat de lol eraf begint te gaan. Mogelijk raakt u uitgekeken op uw vrienden of collega's. Misschien denken de mensen in uw omgeving heel anders over belangrijke kwesties dan u. Nadat Romeo Julia heeft leren kennen, heeft hij nauwelijks meer tijd en aandacht voor zijn vrienden. Misschien bent u eraan toe om minder met uw vaste vriendenclubje op te trekken, misschien ook hebt u simpelweg minder tijd voor het onderhouden van sociale contacten. Misschien bent u net als de verbannen hertog en zijn gevolg in *Elk wat wils* wat vervreemd geraakt van de buitenwereld.

BEKERS IV

Maar liefde is blind en verliefden kunnen niet zien.
— De koopman van Venetië (2.6.36)

In ten minste zes stukken van Shakespeare is er sprake van dat liefde blind is. Deze kaart staat voor een herevaluatie van uw leven, omstandigheden en relaties. Misschien hebt u iets over het hoofd gezien of ziet u de dingen niet meer in de juiste proporties. Misschien bent u emotioneel vastgelopen en moet u niet weglopen voor uw eigen verantwoordelijkheden. Dit kan wijzen op een gebrek aan motivatie of op verveling. Net als Antonio, die *De koopman van Venetië* opent met de opmerking: "'k Weet waarlijk niet, hoe ik zoo somber ben; ik ben het moe" (I.I.I). Mogelijk bent u zo apathisch dat u niet eens meer doorhebt wanneer u iets goeds overkomt. Waardeer het goede in uw leven, ook al kunt u nauwelijks voor iets warmlopen! Mogelijk bent u teleurgesteld, ontgoocheld of ongelukkig omdat uw verwachtingen niet zijn uitgekomen. U verlangt naar verandering, maar loopt het risico te snel uw neus op te halen voor interessante mogelijkheden. Zorg ervoor dat u de realiteit niet uit het oog verliest. Als u verder kijkt dan uw neus lang is, zien veel dingen er al een stuk beter uit. Bassanio laat zich het hoofd niet door de zilveren en gouden kistjes op hol brengen. Hij kiest het loden kistje en dat levert hem Portia op.

In omgekeerde ligging wijst deze kaart erop dat u oude problemen vanuit een nieuw gezichtspunt kunt bekijken. In *Veel leven om niets* spannen enkele personages samen om Beatrice en Benedict aan elkaar te koppelen. Zij veranderen zelf niet, maar gaan wel anders tegen elkaar aankijken: daardoor bloeit er liefde tussen hen op. Na een tijdje te hebben nagedacht en wat afstand te hebben genomen, kijkt u vaak met een frisse blik tegen de dingen aan. In *Een midzomernachtsdroom* klaagt Helena dat blinde, kinderlijke liefde zo vaak misloopt. Uiteindelijk heeft Demetrius oog voor haar charme. Misschien wacht u een nieuwe vriendschap of relatie.

BEKERS V

O, behoed u, heer, voor ijverzucht.

– Othello (3.3.165)

Het is ronduit ironisch dat in een stuk waarin alles draait om de door Jago aangewakkerde jaloezie uitgerekend deze figuur Othello waarschuwt voor "dat alles groen ziend monster, voor 't verslinden wreed spelend met zijn prooi" (3.1.66). Jago weet dat jaloezie maar een kleine aanleiding nodig heeft, en Othello laat zien dat dit inderdaad het geval is. Deze kaart duidt op leed, woede en verdriet. Misschien bent u teleurgesteld of wanhopig, hebt u een verkeerde keuze gemaakt of hebt u ruzie met uw partner. Misschien bent u emotioneel diep getroffen door een verlies. Maar mogelijk kent u niet alle feiten. Misschien stuit u op leugen en bedrog. De uiterst boosaardige Jago drijft Othello in een extreem verlopende tragedie tot het uiterste. Wij, als gewone mensen, kunnen lering trekken uit wat ons overkomt en de schade herstellen. Soms betekent dit dat we knopen moeten doorhakken en lastige situaties achter ons moeten laten. Blunders zijn vreselijk en kunnen u een slechte dag bezorgen, maar ze zijn meestal niet onherstelbaar. Probeer u te richten op de mogelijkheden die u nog hebt en houd niet vast aan het verleden.

In omgekeerde ligging wijst deze kaart erop dat er nog een sprankje hoop bestaat. Vergeef degenen die u vroeger iets onaangenaams hebben aangedaan en laat de tijd alle wonden helen. De doge drukt Desdemona's vader op het hart haar te vergeven, want "wie om een onheil, dat voorbij is, treurt, doet of hij wenscht, dat er een nieuw gebeurt" (1.3.204). Vrijwel niet één stuk van Shakespeare eindigt zonder hoop. U kunt nieuwe vrienden maken of weer in contact komen met oude bekenden. De toekomst ziet er niet verkeerd uit. Mogelijk krijgt u belangstelling voor uw afstamming. Dat is een belangrijk gegeven in historische drama's, want wie koning wilde worden, moest zijn aspiraties met zijn stamboom kunnen onderbouwen.

BEKERS VI

Wee mij, arme, die gezien heb wat ik zag,
zie wat ik zie!

– **Hamlet** (3.1.168)

Wanneer Ophelia deze noodkreet slaakt, heeft de zogenaamd waanzinnige Hamlet haar net in de steek gelaten. Hij heeft haar ervan overtuigd dat hij echt gek is, en ze roept uit: "O, welk een eed'le geest is hier verwoest!" (3.1.158). Verward en geschokt blijft ze achter. Ze dacht dat Hamlet oprecht om haar gaf. Na het einde van een relatie voel je je vaak ellendig. Misschien kunnen vriend(inn)en u steunen. Wanneer u troost zoekt in het verleden, gaat u misschien terugverlangen naar gelukkiger tijden. Prettige jeugdherinneringen kunnen u het gevoel geven dat het leven vroeger veel simpeler was. Deze kaart kan duiden op de invloed van het verleden op het heden. Misschien moet u nog eens goed over uw situatie nadenken. Wijd u weer eens aan een bezigheid die u lang hebt verwaarloosd. Misschien doen zich opeens nieuwe kansen voor. Mis ze niet door bij het verleden te blijven stilstaan. Vaak hebben we een te rooskleurige voorstelling van het verleden, doordat we alleen de goede dingen hebben onthouden. Door in het verleden te blijven steken kunt u ongewild bewerkstelligen dat u daadwerkelijk uw beste tijd al hebt gehad.

In omgekeerde ligging kan deze kaart erop duiden dat u het verleden achter u laat en u uw blik weer op de toekomst richt. Misschien leeft u niet helemaal in het heden. Ophelia's 'heden' is ondraaglijk voor haar en drijft haar tot waanzin. Bedenk dat uw geïdealiseerde herinneringen niet het hele verhaal vertellen. Misschien wilt u niet volwassen worden. Het is tijd om in beweging te komen, uw verantwoordelijkheid te nemen, het beste van het leven te maken en u op een betere toekomst te richten.

BEKERS VII

Maar kom, nog eens een dolle nacht!
– Antonius en Cleopatra (3.13.183)

Antonius zweeft tussen verbeelding en werkelijkheid in. Hij is zo in de ban van de liefde dat hij tot niets anders meer komt. Hij heeft voor niets meer energie ("mijn zwaard, verweekt door mijne liefde" [3.11.67]) en kan geen rationele besluiten meer nemen. Cleopatra verleidt Antonius weliswaar, maar hij verzet zich niet bepaald tegen deze verleiding. Wellicht is ook uw beoordelingsvermogen door illusies, verleidingen of een teveel aan informatie vertroebeld geraakt. Alles kan anders zijn dan het lijkt. Succes is mogelijk een illusie, grillen kunnen dwaas zijn en gestelde doelen ronduit onzinnig. Het valt soms niet mee onderscheid tussen fantasie en werkelijkheid te maken. Waarschijnlijk is dit niet het juiste tijdstip voor belangrijke beslissingen. Uw fantasie kan u inspireren, maar ook met u op de loop gaan. Dankzij uw verbeelding lijkt opeens alles mogelijk. Maar in uw zelfbedrog is het moeilijk om onderscheid te maken tussen goede en foute beslissingen. Pas op dat u zichzelf niet te veel laat gaan! Antonius en Cleopatra zijn geen pubers, zoals Romeo en Julia. Hun verliefde roes kan ernstige problemen veroorzaken. Deze kaart houdt dan ook een waarschuwing in – kijk uit wat u wenst! Voor Antonius en Cleopatra was het algauw afgelopen met de dolle nachten.

In omgekeerde ligging wijst de kaart erop dat u weer helder zult kunnen denken. Uw wilskracht keert terug en u kunt zich weer op uw levensdoelen richten. Stel prioriteiten, maak een realistisch plan en bereid u voor op mogelijke successen. Dankzij uw wilskracht kunt u tal van moeilijkheden de baas. Geef u niet over aan de pleziertjes van het moment en kies voor iets wat op de lange duur van grotere waarde is.

BEKERS VIII

Vloot nooit de stroom van ware liefde zacht.
— Een midzomernachtsdroom (I.I.134)

Lysander troost Hermia nadat haar vader haar een ultimatum heeft gesteld: als ze niet met Demetrius trouwt, moet ze sterven of zich van de rest van de mensheid isoleren. Kort daarop besluiten ze samen aan de hardvochtige Atheense heerschappij te ontsnappen. Ze hebben er geen benul van hoe moeilijk het kan zijn de weg van de ware liefde te bewandelen! Net als dit stel moet u misschien van bepaalde plannen afzien, iets wat niet werkt laten varen en verder gaan in het leven, zelfs al moet u daarvoor al uw zekerheden opgeven. Dit kan een pijnlijk proces zijn, want waarschijnlijk moet u zich in het onbekende storten, maar wellicht wordt uw bestaan er uiteindelijk zinvoller en beter op. Misschien is uw baan of relatie niet naar uw zin en emotioneel slopend. Misschien bent u gewoon moe en hebt u hard rust nodig. Mogelijk bent u op zoek naar diepere wijsheid, die niet zomaar voor het grijpen ligt, en hebt u nieuwe uitdagingen nodig. Laat uw emotionele bagage achter u – de twee stellen trekken het bos in met niets anders bij zich dan de kleren die ze dragen. U hebt het moeilijk, maar u kunt er alleen maar op vooruitgaan. Bedenk dat u niet verder kunt op de weg die u was ingeslagen en kies daarom een nieuwe koers.

In omgekeerde ligging duidt deze kaart erop dat u nieuwe mogelijkheden hebt gevonden of dat u nog op zoek bent. Als u volhoudt, is de kans groot dat u zult worden beloond met iets goeds en zinvols. Misschien gebeurt er iets feestelijks, zoals aan het slot van het stuk. Misschien grijpt u bewust terug op uw oude situatie of dwaalt u doelloos rond omdat u niet weet waar u heen moet. Misschien is uw reis vooral een vlucht en weinig doelgericht, zoals bij de geliefden in het bos. Misschien bent u bang voor intimiteit. Mogelijk bent u bang om alleen te zijn en klampt u zich vast aan een slechte relatie, zoals Helena aan Demetrius.

BEKERS IX

Liefde is een troost, als zonneschijn na regen.
– **Venus en Adonis (799)**

Adonis verwijt Venus dat haar zogenaamde liefde alleen op wellust berust. Zijn definitie van de liefde is hoogstaand: de liefde is fris als de lente, onbegrensd en waarachtig, zonder de gulzigheid en grilligheid van Venus' gevoelens. Deze kaart staat voor overvloed, welzijn en de vervulling van alle mogelijke verlangens. Alles wat u kunt dromen, kunt u daadwerkelijk verwezenlijken. Bedenk hoe gelukkig u bent terwijl u zich overgeeft aan dit gevoel van innerlijke vrede en voldoening. Het leven is goed: het is tijd de problemen achter u te laten en te genieten van al het mooie in de wereld. Misschien wacht u een grote financiële meevaller. Volg uw hart en durf te geloven in uw geluk. Alles lijkt mee te zitten, maar verlies de realiteit niet uit het oog.

In omgekeerde ligging waarschuwt deze kaart u ervoor dat u moet oppassen dat deze periode van rust en genot niet uit de hand loopt. U zou weleens te kwistig kunnen omspringen met uw energie en uw financiële middelen. Net als bij de overvloedige banketten in *Timon van Athene* zou er weleens iets onaangenaams in het verschiet kunnen liggen. Timon genoot van de bewonderende aandacht van zijn gasten, maar stak zich intussen diep in de schulden. Misschien kunt u zich uw royale levensstijl eigenlijk niet veroorloven. Er zou weleens iets kwalijks aan het licht kunnen komen, zoals de wellustigheid van de schijnbaar deugdzame Angelo in *Maat voor maat*. Misschien komt u zelf tot inkeer, of misschien moet een ander u op uw dwalingen attenderen. Mogelijk gooit iets uw leventje of uw plannen in de war. Wellicht lijdt u materiële verliezen – eventueel uit vrije wil.

BEKERS X

Indien muziek der liefde voedsel is, speelt voort dan, voort!

— Driekoningenavond (I.I.I)

Orsino spreekt bovenstaande regels aan het begin van het stuk uit. Natuurlijk gedijt de liefde bij muziek, en het liefdesspel in deze romantische komedie wordt door prachtige muziek begeleid. Deze kaart staat voor geluk, toewijding en duurzaam, huiselijk geluk. Bekers X kan ook duiden op evenwicht en harmonie. Aan het einde van *Driekoningenavond* hebben de hoofdfiguren hun oog laten vallen op geschiktere partners dan aan het begin. Wellicht beseft u uiteindelijk wat u eigenlijk wilt, zoals Viola Orsino krijgt nadat ze gedurende het hele stuk heimelijk naar hem had verlangd. Volg uw hart. Permanent succes en voldoening liggen in het verschiet. Ook zijn elementen van verwondering en vreugde aanwezig. Innerlijke vrede ligt binnen handbereik.

In omgekeerde ligging wijst deze kaart op geluk van korte duur. Er zou sprake kunnen zijn van relatieproblemen en heftige emoties. Mogelijk wacht u een desillusie. Malvolio wordt diep in zijn amoureuze gevoelens gekrenkt wanneer hij ontdekt dat Olivia's brief niet echt was. Misschien krijgt u meer dan u wilde of voorzag. Misschien vraagt uw familie in emotioneel opzicht te veel van u. Misschien laat u zich te veel in uw gevoelens gaan – bedenk hoe Orsino en Olivia zich in dit opzicht aan het begin van *Driekoningenavond* te buiten gaan.

MUNTEN PRINSES: juffrouw Page

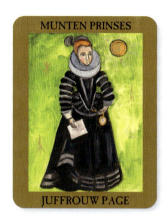

"Vraag mij niet naar de reden, waarom ik u bemin; want schoon de Liefde de Rede wel als haar arts bezigt, laat zij haar toch niet als raadgeefster toe. Gij zijt niet jong meer, ik ben het ook niet; welnu dan, hier is sympathie; – gij zijt vroolijk, dat ben ik ook; aha dus, nog meer sympathie; – gij houdt van sek, dat doe ik ook; kunt gij beter sympathie verlangen? Laat het u dan voldoende zijn, juffrouw Page, – ten minste, als een soldaats liefde voldoende kan zijn, – dat ik u bemin. Ik wil niet zeggen: heb medelijden met mij, want dit is geen krijgsmanstaal, maar ik zeg u: bemin mij. Geschreven door mij, uw getrouwen ridder, die naar u smacht, en meen'ge nacht aan u slechts dacht, wiens geest met macht, wiens arm met kracht, uw heil betracht: Hans Falstaff."

– De vroolijke vrouwtjes van Windsor (2.1.4–19)

PERSONAGE

De uitbundige juffrouw Page is even vrolijk als het kluchtige stuk waarin ze optreedt. In plaats van Pistool zou zij kunnen hebben gezegd: "De wereld zij mijn oester" (2.2.2). Volgens sommigen schreef Shakespeare dit stuk op verzoek van koningin Elizabeth, die wilde dat Falstaff verliefd zou worden. Falstaff raakt echter in financiële moeilijkheden. De zwaarlijvige ridder besluit de twee keurige huisvrouwen juffrouw Page en juffrouw Ford te verleiden, om het geld van hun echtgenoten te bemachtigen. Hij stuurt hun identieke liefdesbrieven, en wanneer de dames doorkrijgen wat hij heeft uitgehaald, zint juffrouw Page op wraak. De dames doen alsof ze Falstaff geloven, maken 'geheime' afspraakjes met hem en zorgen er intussen voor dat meneer Ford flink jaloers wordt. Meneer Page staat wat milder tegenover de affaire. Na een rendez-vous laat juffrouw Page Falstaff in een mand met vuil wasgoed 'ontsnappen', terwijl ze haar personeel de opdracht geeft de mand in de Theems te gooien. Na de volgende ontmoeting ontkomt Falstaff, die zich heeft vermomd als een van hekserij verdachte vrouw, ternauwernood aan een flink pak slaag.

Intussen maken drie jongemannen Anna, de dochter van juffrouw Page, het hof. Meneer Page ziet haar graag trouwen met de dwaas Simpel. Juffrouw Page geeft de voorkeur aan de Franse arts Cajus. Anna valt echter op Fenton, die erkent dat hij eerst werd aangetrokken door haar geld, maar "dra vond" dat haar "waarde oneindig hooger" was "dan gouden baren en verzegeld geld" (3.4.15). Uiteindelijk besluit juffrouw Page Falstaff een laatste poets te bakken. Ze draagt hem op om vermomd als de gehoornde geest Herne naar Windsor Park te komen. Daar jagen als elfen vermomde dorpskinderen de arme Falstaff de stuipen op het lijf, omdat hij weet: "'t zijn elfen, niemand mag hen doen bespiën; 'k val nêer, sluit den oogen, om den dood te ontvliën" (5.5.51). Nadat iedereen zich ten koste van Falstaff heeft vermaakt, nodigt juffrouw Page alle betrokkenen, inclusief het slachtoffer, uit voor een plezierig samenzijn bij het haardvuur, om "te lachen om de grappen". Zelfs het feit dat Anna door Fenton is geschaakt, kan haar humeur niet bederven. "De Hemel schenke u veel, veel blijde dagen!" (5.5.254), wenst ze de geliefden toe.

ROL

Munten prinses is een nuchtere, praktisch ingestelde vrouw. Ze is misschien geen flitsende denker, maar beschikt over veel gezond verstand. Zij zorgt ervoor dat de dingen in gang worden gezet en boekt tastbare resultaten. Werk en ontspanning bezorgen haar evenveel plezier, en in beide betoont ze zich enthousiast en vastberaden. Ze weet wat ze wél en niet kan en verwacht van anderen dat ze zich aan hun afspraken houden. Ze gaat methodisch te werk, lost op die manier problemen op en zet zich tot het uiterste in om dingen tot een goed einde te brengen. Dankzij haar trouw en aanstekelijke opgewektheid is ze een vriendin op wie je kunt bouwen. Deze kaart kan duiden op een brief of een ander bericht met de boodschap dat u rijkdom en luxe wachten, en dat u uw dromen waar zult kunnen maken. Hoewel deze kaart niet aangeeft dat u roem of rijkdom moet nastreven, kondigt hij wel materiële overvloed aan. Een praktische, doelgerichte instelling stimuleert u om successen na te jagen. Munten prinses werkt hard en gaat er niet vanuit dat alles haar zomaar in de schoot wordt geworpen. Ze attendeert u erop dat u moet houden van uw werk en dat u uw vriendschappen moet koesteren.

In omgekeerde ligging wijst deze kaart op iemand met een niet erg realistische instelling, die zijn of haar verwachtingen niet ziet uitkomen, of op iemand die uit is op geld en materieel bezit – zoals Falstaff in het stuk. Hij kan erop duiden dat u andermans raad in de wind slaat of dat een boodschapper slecht nieuws zal brengen. Misschien bent u overwerkt en moe. Mogelijk is iemand koppig en opstandig, zoals Anna Page, die de wil van haar ouders trotseert. Ook kan iemand over slechte communicatieve vaardigheden beschikken, zoals Simpel.

MUNTEN PRINS: Falstaff

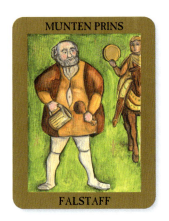

Als sek met suiker boos is, dan sta God de zondaars bij! Als oud en vroolijk zijn zonde is, dan is menig oude waard, dien ik ken, verdoemd; als vet zijn te hatenswaardig is, dan zijn Pharao's magere koeien beminnelijk. Neen, mijn beste heer... maar dien lieven Hans Falstaff, dien goeden Hans Falstaff, dien trouwen Hans Falstaff, dien dapperen Hans Falstaff, – en daarom te dapperder, omdat hij oud is, zooals hij is, – verban dien niet uit het gezelschap van uwen Hendrik; verban den dikken Hans, en gij verbant de geheele wereld.

– Koning Hendrik IV, deel I (2.4.516–527)

PERSONAGE

Geen enkele andere figuur van Shakespeare is zo vol leven als Falstaff. Deze vriendelijke opportunist en originele denker is dol op eten, drinken, vrouwen, geld en prins Hendrik. Falstaff is zwaarlijvig, maar een lichtvoetig denker. Hij is speels en kinderlijk. Hij bezit de gave van het woord en verzekert: "Ik heb niet alleen geest in mijzelf, maar ben ook oorzaak, dat andere menschen geestig zijn" (deel 2, 1.2.11). Met zijn geestigheden prikt hij aristocratische pretenties door en redt hij zich uit netelige situaties. Deze onverbeterlijke boef, gulzige veelvraat en opschepperige vrouwengek is geen 'namaak', zoals de lieden die hem niet bevallen. Hij zondigt graag, maar is niet hypocriet. Hij is niet bang, maar bezit ook een flinke dosis gezond verstand, want "het beste deel van de dapperheid is voorzichtigheid" (deel 1, 5.4.121). Hij hecht veel belang aan zijn instinct tot zelfbehoud. We weten dat de prins, wanneer hij eenmaal koning is, de omgang met Falstaff zal beëindigen, maar intussen geniet hij van diens aangename gezelschap. Falstaff is onder meer een voortreffelijke verteller. Falstaff staat voor een leven zonder verantwoordelijkheden, zoals dat voor prins Hendrik niet is weggelegd. De tijd betekent niets voor hem, tenzij, zoals de prins opmerkt, "uren glazen sek zijn, en minuten kapuinen, en klokken koppelaarstongen" (deel 1, I.2.7). Falstaff is voor Hendrik een belangrijker vaderfiguur dan de humorloze Hendrik IV. Hendrik V is een betere koning dankzij het feit dat hij Falstaff heeft gekend. Falstaff lijkt de belichaming te zijn van het leven zelf, ondanks zijn gevorderde leeftijd en zijn dikke buik. Zijn jeugdige vitaliteit kan niet stuk. "De waarheid is, dat ik alleen oud ben in verstand en doorzicht" (deel 2, I.2.214), zegt hij, en daarop valt weinig af te dingen.

ROL

Munten prins is is robuust en loyaal. Hij heeft een makkelijk karakter, maar is ook bedacht op zijn eigenbelang. Deze vriendelijke, goedlachse figuur is zinnelijk en aards ingesteld. De geneugten des levens zijn aan hem welbesteed. Vanwege zijn wijsheid en humor is hij aangenaam gezelschap. Hij neemt de mensen zoals ze zijn en probeert hen niet te veranderen. Als hij geld uitgeeft, is hij bedacht op kwaliteit (Falstaff kiest altijd voor het beste dat andermans beurs te bieden heeft). Hij is geen man die smijt met energie, maar springt zorgvuldig met zijn krachten om. Hij komt niet snel in beweging en wordt slechts zelden kwaad. Deze kaart geeft aan dat u, ook al lijkt u nauwelijks vooruitgang te boeken, met een geduldige en vastberaden aanpak toch uw doel zult bereiken. Let goed op alle feiten en bedenk steeds wat er voor u mogelijk is. Compenseer uw gebrek aan initiatief met uw bijzondere talenten. Deze kaart staat voor activiteiten die betrekking hebben op bezit en geld. Falstaff was als geen ander – koningen misschien uitgezonderd – door deze zaken gepreoccupeerd. Erkenning voor zijn wapenfeiten is voor hem belangrijk. "Laat het geboekt worden bij de overige daden van dezen dag" (deel 2, 4.3.50), zegt Falstaff wanneer hij een gevangene aan prins Jan overdraagt. Hij is zelfverzekerd, hardnekkig en praktisch, en meent dat hij alles zal krijgen wat hij nodig heeft. Net zoals Falstaff kan bouwen op de gunsten van prins Hendrik, kunt u met enig doorzettingsvermogen uw zaakjes voor elkaar krijgen.

In omgekeerde ligging wijst deze kaart op apathie, ongeïnspireerdheid of ontmoediging. Niets lijkt u meer de moeite waard te zijn. De kaart kan ook duiden op onverdraagzaamheid, kleingeestigheid en gebrek aan fantasie. Misschien hebt u richting in het leven nodig of kunt u uw taken niet aan. U bent sloom of zit gevangen in een sleur. Misschien bederft een onaangename mopperpot het plezier van de anderen in uw omgeving. Er kan sprake zijn van verouderingsverschijnselen, zoals gewrichtsklachten en vermoeidheid. Omgekeerd kan iemand juist geobsedeerd zijn door een drang tot lichaamsbeweging. Falstaff heeft daar geen last van: "Ik wierd liever van roest geheel verteerd, dan tot niets afgeschuurd door eeuwigdurende beweging" (deel 2, 1.2.245). Misschien hebt u zo'n druk bestaan dat er geen tijd voor pleziertjes en sociale contacten meer overblijft.

MUNTEN KONINGIN: Helena

*Vaak vinden we in onszelf de hulp en baat,
Die wij den hemel vragen. 't Noodlot laat
Den weg ons vrij, en spert dien enkel dan,
Wanneer wij loom en traag zijn, zonder plan.*

– Eind goed, al goed (1.1.231–234)

PERSONAGE

Helena, de dochter van een arts, is een beschermelinge van de gravin van Rousillon. Ze houdt al sinds jaar en dag van Bertram, de zoon van de gravin. Helena is beeldschoon, intelligent en deugdzaam, maar beseft dat het verschil in stand tussen Bertram en haar onoverbrugbaar is. Wanneer Bertram naar Parijs gaat omdat de Franse koning op sterven ligt, bedenkt ze een plan. Haar overleden vader heeft haar de geneeskunst bijgebracht en haar zijn medicamenten nagelaten. Ze zal naar Parijs gaan, daar de koning genezen en in ruil daarvoor vragen te mogen trouwen met de man van wie ze houdt. Helena heeft zo veel vertrouwen in haar vaders recepten en haar eigen kunnen dat ze haar leven op het spel zet, met de woorden: "Want geen bedriegster ben ik, die verklaar wat ik niet zelf geloof en weet" (2.1.158). Ze wint het vertrouwen van de koning en geneest hem, waarna hij haar belooft dat ze een van de edelmannen aan zijn hof als echtgenoot mag uitkiezen.

Natuurlijk kiest Helena Bertram, een koppige jongen die niets voor het huwelijk voelt. Hij is woedend omdat hij beneden zijn stand moet trouwen en vertrekt naar Italië. Hij deelt Helena mee dat hij alleen haar echtgenoot zal worden als ze een ring van zijn vinger weet te bemachtigen en zwanger van hem wordt – wat hem betreft zal het daar nooit van komen. Helena is er kapot van, maar ze houdt hoop. Ze ontwaart in Bertram unieke kwaliteiten. Ze wil hem ervan doordringen dat een goed karakter en intelligentie veel belangrijker zijn dan een adellijke status. Nadat ze heeft ontdekt dat hij een Florentijns meisje het hof maakt, laat ze zich door dit meisje helpen. Via een list die ook in *Maat voor maat* wordt gebruikt, belandt Helena als Bertrams wettige echtgenote bij hem in bed en bemachtigt ze zijn ring. Bertram erkent dat hij dom en bevooroordeeld heeft gehandeld. "Het weefsel van ons leven bestaat uit gemengd garen, goed en slecht" (4.3.83), verklaart hij. En daarmee heeft Helena haar doelen bereikt en het stuk een happy end gekregen.

ROL

Munten koningin is waardig, zelfverzekerd en sereen. Ze staat zorgzaam tegenover kinderen, projecten en collega's. De intelligentie, de ijver en het optimisme waarnaar deze kaart verwijst, garanderen dat u uw problemen zult kunnen oplossen en uw plannen zult kunnen uitvoeren. Munten koningin staat voor iemand die zo kalm en waardig door het leven gaat dat wordt verhuld hoe hard ze werkt en hoe vasthoudend ze is – ze kan meer problemen aan dan menig ander. Ze houdt van comfort en zekerheden, het gaat haar financieel vaak voor de wind, en misschien is ze een tikje materialistisch ingesteld. U kunt op haar rekenen: ze is betrouwbaar en stelt nooit teleur. Ze is bedachtzaam en royaal, en beschikt over een sterk plichtsbesef en uitgesproken principes. Haar menselijke kwaliteiten zijn groot – dankzij Helena werd de adellijke Bertram pas echt een mens. Vruchtbaarheid, erotiek en alle vijf de zintuigen zijn sterk verbonden met deze aardse koningin. Ze wordt dan ook geassocieerd met lichamelijk welzijn, gezondheid en eten, en kan duiden op iemand die werkt in een zorgend beroep of zich bezighoudt met bezit en onroerend goed. Net zoals Helena de koning te hulp komt, deelt deze koningin graag haar kennis met anderen en durft ze zich te wijden aan taken die anderen onuitvoerbaar toeschijnen. Misschien leiden uw inspanningen ertoe dat iets zeer waardevols behouden blijft. Mogelijk krijgt u steun van sterke bondgenoten, net zoals Helena wordt geholpen door de gravin van Rousillon en de koning van Frankrijk. Hoewel ze er niet naar streeft in de schijnwerpers te staan, krijgt ze veel erkenning voor haar werk.

In omgekeerde ligging geeft deze kaart aan dat bepaalde talenten of mogelijkheden onvoldoende worden benut. Hij staat voor de tegenpool van de perfecte huisvrouw, voor iemand met een afkeer van koken, schoonmaken en tuinieren. Lears dochters Goneril en Regan zullen nooit onkruid wieden of een bloembedje omspitten. Doordat u slecht eet en uzelf verwaarloost, kunt u problemen met uw gezondheid krijgen. Misschien is er sprake van een algemeen gebrek aan (zelf)vertrouwen. U voelt u bedreigd en ontwaart overal complotten. U raakt verhard in uw gevoelsleven. Gunsten bewijst u alleen met tegenzin. Misschien is iemand bang om verantwoordelijkheden op zich te nemen. Het kan ook zijn dat iemand uit is op het bezit van een ander, of belust op wraak.

MUNTEN KONING: Shylock

Ga mee naar den notaris, teeken daar
Uw schuldbrief op uw naam; uit louter scherts,
Opdat gij ziet, dat ik geen winst verlang,
Als gij mij niet op den bepaalden dag,
En daar of daar, die som of die, zooals
Uw schuldbekentenis luiden zal, betaalt,
Zij deze boete vastgesteld, dat ik
Een zuiver pond mag snijden van uw vleesch,
Uit welk deel van uw lichaam ik verkies.

– De koopman van Venetië (I.3.144–152)

PERSONAGE

Shylock woont in de koopmansstad Venetië, waar alles draait om het maken van winst. Hij is een sluw geldlener, een succesvol zakenman die zich erop beroept dat zijn geld zich net zo snel vermenigvuldigt als de schapen in een kudde (dit vertelt hij aan Antonio, de koopman uit de titel van het stuk). Zijn Venetië lijkt in niets op het romantische Belmont, waar Portia woont. Alle figuren in het stuk zijn op de een of andere manier in de ban van geld. Shylock windt als enige geen doekjes om de betekenis die het geld voor hem geeft. Portia heeft een fortuin geërfd. Bassanio heeft drieduizend dukaten nodig om naar haar hand te kunnen dingen. Als Portia hoort dat Antonio Shylock moet terugbetalen met een 'pond vlees', zegt ze tegen Bassanio: "Geef hem zesduizend en verscheur den schuldbrief. Verdubbel en verdriedubbel dat" ((3.2.303). Geld en nog veel meer geld zal de rekening vereffenen. Maar voor Shylock staat de mogelijkheid om zich door middel van deze lening op Antonio te wreken gelijk aan macht. Hoewel Antonio volhoudt dat zijn 'ondernemingen' anders – en verhevener – zijn omdat hij geen rente vraagt, meent Shylock te begrijpen dat hij en de koopman een en dezelfde persoon zijn. Zelfs Portia, vermomd als Balthazar, kan hen niet uit elkaar houden en vraagt zich af: "Wie is de koopman hier, waar is de jood?" (4.1.174) Allebei doen ze zaken voor het geld, maar bij Shylock spreekt men van 'rente' of 'woeker' en bij Antonio van 'winst'. De logisch denkende, geduldige en waardige Shylock vindt dat alle mensen in wezen gelijk zijn: "Als gij ons een messteek geeft, bloeden wij dan niet? … als gij ons beleedigt, zullen wij dan geen wraak nemen? Als wij in het overige zijn als gij, willen wij ook daarin u gelijken"(3.1.67-71).

ROL

Munten koning wacht zijn kansen niet af, maar neemt zelf het initiatief. Hij houdt zich bezig met het tastbare, het materiële. Dit duidt op een succesvolle, ervaren en ondernemende figuur, die bekwaam omspringt met zijn kennis van praktische zaken. Net zoals Shylock weet dat hij zijn vermogen kan vergroten door geld te investeren, geeft deze kaart aan dat u erop vooruit zult gaan wanneer u bereid bent tijd en moeite in bepaalde zaken te steken. Hij kondigt financiële successen aan. De risico's die deze koning neemt, zijn zorgvuldig afgewogen en beloven winstgevend te zijn. Van roekeloosheid is geen sprake. Het gaat hem om zekerheid, behoud en verstandig investeren. Hij staat voor een vastberaden, niet-romantische instelling. Hij is een man van zijn woord en komt afspraken altijd na. Hij is een rechtlijnige – Shylock mag zelfs als humorloos gelden –, hardwerkende man die streeft naar stabiliteit en zekerheid. Mogelijk beschouwt hij anderen als bezittingen. Denk aan Shylocks uitroep "Mijn dochter! Mijn dukaten! O mijn dochter!" (2.8.15), wanneer Jessica er met zijn goud vandoorgaat. Anderen vertrouwen op hem, zoals Antonio wanneer hij geld bij hem komt lenen. Shylock is niet populair, maar iedereen weet dat hij zijn beloften nakomt. Munten koning vertegenwoordigt een zelfverzekerd, pragmatisch, intelligent, zakelijk, wiskundig mens met uitgesproken vaste gewoonten en een realistische benadering. Hij gaat recht op zijn doel af en is daarin misschien wat saai en voorspelbaar. Hij is praktisch ingesteld maar niet harteloos. Soms stimuleert hij ondernemingen van anderen of zet hij zich in voor goede doelen.

In omgekeerde ligging duidt deze kaart op corruptie of inhaligheid. Misschien schuwt iemand geen enkel middel om zijn doelen te bereiken, of manipuleert hij anderen met geld. Misschien blijft hulp waarop werd gerekend uit, zoals de schepen waarop Antonio vertrouwde voor de terugbetaling van zijn schuld. Mogelijk wordt iemand door hebzucht gedreven, is hij in de ban van statussymbolen of steelt hij van anderen, zoals Shylocks dochter Jessica van hem steelt. Misschien voelt u zich ondergewaardeerd of uitgebuit. Wellicht probeert iemand te pronken met andermans veren. Mogelijk bent u te sterk op het materiële gefixeerd. Bedenk wat werkelijk van waarde voor u is.

MUNTEN I

Ga, leef rijk, gelukkig.

– Timon van Athene (4.3.532)

Timon spreekt deze woorden in zijn vrijwillige ballingschap in de wildernis tegen zijn hofmeester Flavius, terwijl hij hem een deel van het door hem gevonden goud overhandigt. Timon is verbitterd geraakt en cynisch geworden, maar hij richt zich tot de enige figuur in het stuk die grote kans heeft rijk en gelukkig te worden. Flavius lijdt onder het lot van zijn meester en blijft hem tot het laatste moment toe trouw. Deze kaart kondigt een nieuw begin, welvaart en succes aan. U bezit de middelen om uw ambities te verwezenlijken. Nieuwe kansen, lucratieve investeringen en andere meevallers zullen u er in materieel opzicht op vooruit laten gaan. U hebt hard gewerkt en kunt nu eindelijk resultaat boeken. U kunt genieten van wat het leven te bieden heeft. Aanwijzingen voor perfectie, voorspoed en succes wijzen op geluk en een tevreden bestaan.

In omgekeerde ligging wordt de werking van deze kaart eerder versterkt dan verzwakt. Misschien kunt u, net als koning Midas, alles wat u aanraakt in goud veranderen. Bedenk wel dat koning Midas daarvoor een zware prijs moest betalen: zelfs zijn eten werd van goud. Wie al te zeer in de ban van geld en bezit is geraakt, kan er door deze kaart op worden geattendeerd dat geld niet gelukkig maakt. Als de prins van Marokko in *De koopman van Venetië* het gouden kistje opent, krijgt hij Portia niet tot vrouw. Hij vindt alleen een gedichtje met de beginregel: "Al wat blinkt, is nog geen goud" (2.7.65). Besef wat de echte waarde van de dingen is. Timon wilde pronken met zijn rijkdom en raakte al zijn geld kwijt. Geld kan grote problemen veroorzaken. Misschien bent u te gefixeerd op koopjes, investeert u te behoedzaam of maakt u zich te grote zorgen over geld.

MUNTEN II

't Is mij leed, dat gij bij schoonheid niet ook rang verkoort.
— Een winteravondsprookje (5.1.214)

Dit zegt koning Leontes tegen prins Florizel over zijn verloofde, Perdita. Niemand weet op dat moment dat zij de dochter van Leontes is. Ze is een beeldschoon meisje maar leeft als herderin, zodat Florizels vader haar geen goede partij voor zijn zoon vindt. Deze kaart hangt samen met het maken van keuzes – ook voor partners – en de aantrekkingskracht die tegenpolen – zoals een prins en een herderin – op elkaar uitoefenen. U zult alle zeilen moeten bijzetten en al uw talenten moeten aanspreken om zorgen en problemen het hoofd te bieden. Mogelijk moet u besluiten waar uw prioriteiten liggen. Florizel kiest voor Perdita, ook al is ze arm. Misschien wachten u nieuwe verantwoordelijkheden. Er kan iets onverwachts gebeuren – zoals Perdita's ontdekking van haar afkomst. U moet misschien de juiste balans vinden tussen uw relatie en uw werk. Misschien hebt u iets te veel of te weinig van het goede. Probeer vooral van de stormachtige ontwikkelingen te genieten en u niet te veel zorgen te maken over de uitkomst ervan.

In omgekeerde ligging wijst deze kaart op de vakkundige afwikkeling van een zaak. U moet van alles tegelijk doen zonder te laten blijken dat dit u moeite kost. Misschien moet u werk doen waarbij het vooral op snelheid en kwantiteit aankomt, en niet op kwaliteit. Misschien hebt u het idee dat u met werk wordt overladen of door tegenstrijdige informatie in de war wordt gebracht. U vindt anderen vaak maar oppervlakkig. Grappen komen dikwijls als erg afgezaagd op u over, net als de wel erg vaak gebezigde uitspraak "dat is de humor ervan" van korporaal Nym uit *Koning Hendrik V*.

MUNTEN III

Win geld als water.
— Koning Hendrik V (2.2.117)

Pistool, Nym en Bardolf zijn vrienden van Falstaff. Deze schurkachtige figuren bereiden zich voor op een oorlog tegen Hendrik V, onder het motto: "Dan willen wij alle drie als gezworen broeders naar Frankrijk" (2.1.13). Nym vraagt van Pistool acht shilling die hij bij een weddenschap heeft gewonnen. Pistool antwoordt dat hij zijn schuld zal betalen uit de opbrengst van een handeltje met het leger. Deze kaart staat voor samenwerking, het stellen van prioriteiten en het verdelen van taken. Misschien wordt u geld terugbetaald dat u ooit hebt uitgeleend. Wellicht krijgt u in financiële of anderssoortige zin eindelijk erkenning voor jarenlange inspanningen. Met veel doorzettingsvermogen en hard werk stijgt u op de maatschappelijke ladder: het succes ligt voor u binnen handbereik. Ondanks tegenslagen blijft u uw talenten ontwikkelen. U mag met recht trots zijn op en tevreden met hetgeen u hebt bereikt.

In omgekeerde ligging wijst de kaart op matig werk of iets wat weinig oplevert. Misschien hebt u een vervelende baan. Stel uzelf de vraag of u wel doet wat u eigenlijk wilt doen. Misschien vraagt iemand u iets riskants te doen of fraude te plegen. Misschien bent u overgekwalificeerd voor uw werk of bezit u er niet de juiste vaardigheden voor. Er kunnen problemen optreden doordat iemand weinig ervaring heeft en geen hulp wil vragen. Misschien vindt u dat u onvoldoende erkenning voor uw prestaties krijgt. Ook kunnen er financiële problemen in het spel zijn. Misschien raakt u uw baan kwijt of hebt u een conflict met uw collega's. Ook kunt u op heftige tegenwerking stuiten.

MUNTEN IV

Goud op rente wordt met goud vermeérd.
– Venus en Adonis (739)

De godin van de liefde spant zich in om Adonis te verleiden. Liefde moet in vrijheid kunnen gedijen. De schoonheid van Adonis is er om van te genieten. Shakespeare hanteert dezelfde logica in sonnetten die zijn opgedragen aan de graaf van Southampton, een knappe jongen die lange tijd weigerde om te trouwen. Adonis maakt liever plezier met zijn vrienden dan dat hij zich aan de liefde overgeeft. Deze kaart staat voor financiële zekerheid, maar waarschuwt tegen oppotten en een te sterke bezitsdrang – zoals Venus die tegenover Adonis tentoonspreidde. Zorg voor enige financiële zekerheid, maar richt u niet uitsluitend op het verwerven van rijkdom en macht. Goed gebruikt geld levert meer op dan een oude sok vol bankbiljetten. Gulheid heeft soms een egoïstische achtergrond. Venus is gul met haar charmes uit eigenbelang, maar een gewone sterveling zou zich door Adonis' afwijzende reactie hebben laten ontmoedigen. Benut in materiële en emotionele kwesties uw volledige potentieel. Uw financiële problemen zullen verdwijnen.

In omgekeerde ligging wijst deze kaart erop dat u eens goed noet nadenken over uw vermeende zekerheden. Misschien moet u wat meer risico's nemen of van iets of iemand afstand doen. Dat is geen gemakkelijke opgave! Misschien reageert u te defensief of hebt u een gat in uw hand. Roderigo beklaagt zich in Othello tegenover de onbetrouwbare Jago: "Ik heb mijn geheel vermogen verspild" (4.2.187). Misschien krijgt u te maken met financiële tegenvallers. Misschien bent u niet voorzichtig genoeg en spelen anderen de baas over u.

MUNTEN V

Ik vrees, er komt niet veel van 't geld terecht.
— De klucht der vergissingen (I.2.105)

Antipholus van Syracuse doet deze uitspraak nadat hij een buidel geld aan zijn dienaar Dromio heeft gegeven. Als Dromio van Ephesus hem aanspreekt en niets van het geld blijkt te weten, denkt Antipholus dat hij wordt bedonderd. *De klucht der vergissingen* zit vol met zulke momenten: wanhopig proberen de misleide figuren te begrijpen waarom iedereen zich zo raar gedraagt. Deze kaart wijst op zorgen en onzekerheid. Misschien hebt u het gevoel overal buiten te staan, net als de reizigers uit Syracuse. Misschien dreigt u uw zelfvertrouwen te verliezen. Antipholus begint alles in twijfel te trekken, tot aan zijn eigen identiteit toe. Verwacht geen hulp van anderen: u bent op uzelf aangewezen. Mogelijk krijgt u onplezierig nieuws, voelt u zich in de steek gelaten of raakt u werkloos. Ook kan de kaart wijzen op de problemen die horen bij een nieuwe baan of de wisselvalligheden van een carrière als freelancer, die nu eenmaal gepaard gaat met pieken en dalen. Misschien maakt u zich zorgen over uw gezondheid, hebt u schulden of bent u veel geld kwijtgeraakt. Het is wellicht tijd voor een heel andere aanpak van uw zaken. Dat heeft niet per se een slechte zaak te zijn, want u kunt een nieuwe start maken.

In omgekeerde ligging luidt deze kaart de omkering van een lastige situatie in. Misschien hebt u een toevluchtsoord nodig, zoals Antipholus en Dromio van Syracuse hun toevlucht in een abdij moeten zoeken. Misschien krijgt u hulp uit onverwachte hoek, net zoals zij door de abdis worden bijgestaan. Deze kaart wijst op een keerpunt, een geleidelijke verbetering van een situatie of het spreekwoordelijke 'licht aan de andere kant van de tunnel'. Misschien bezorgt iemand u weer vertrouwen in de mensheid of uzelf. Misschien krijgt u goed nieuws.

MUNTEN VI

Leen niemand geld, maar borg het ook van niemand.
– Hamlet (1.3.75)

Polonius hield zich niet altijd aan zijn eigen raadgevingen, maar strooide ze wel met gulle hand rond. Hij ging verder: "Wie leent, verliest den vriend vaak, met het geld, en 't borgen maakt den lust tot sparen bot" (3.1.76). Deze kaart staat voor evenwichtigheid en stabiliteit. Er is sprake van succes en de gevolgen van uw inspanningen zijn zichtbaar. U zwemt niet in het geld, maar het gaat u goed. U hebt veel energie en stort u met toewijding op uw zaken. Het werk loopt lekker, de communicatie met anderen loopt gesmeerd. Alles lijkt als vanzelf te gaan. De wereld vervult al uw wensen. Deze kaart kan wijzen op liefdadigheid en filantropie – Polonius rept tegen Laertes met geen woord over het geven of accepteren van giften! Misschien wilt u, nu het u voor de wind gaat, ook anderen in uw geluk laten delen. Dat kan op zijn slechtst niet meer dan een symbolisch gebaar zijn, maar op zijn best ook voortkomen uit oprechte gulheid. Misschien krijgt u zelf hulp of een schenking, zodat uw vertrouwen in de mensheid wordt hersteld. In *Cymbeline* verwelkomt Belarius de bijna uitgehongerde, als jongen verklede Imogen in zijn grot. In het goud dat ze hem aanbiedt, is hij niet geïnteresseerd. Later worden families herenigd en schenken de personages elkaar vergiffenis. Zo wordt alles weer vereffend.

In omgekeerde ligging duidt deze kaarten op giften of gunsten die niet zonder bijbedoeling zijn. Zoals Ophelia tegen Hamlet zegt, is "de rijkste gift, als ons de gever krenkt" (3.1.101), enigszins bedenkelijk. Misschien probeert iemand onder een eerder gedane belofte uit te komen, wordt u een aanbod met vervelende consequenties gedaan of wordt u hulp geweigerd. Daden kunnen uit onzuivere motieven voortkomen. Misschien zijn anderen ongelukkig, hoeveel u ook voor hen doet. Mogelijk is er sprake van schulden, afpersing of financiële kuiperijen.

MUNTEN VII

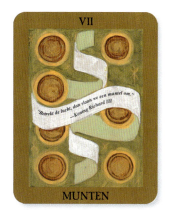

Betrekt de lucht, dan slaan we een mantel om.
– Koning Richard III (2.3.33)

Drie mannen zijn op straat in Londen met elkaar in gesprek. Edward IV is net overleden, en zijn opvolger is naar hun idee nog te jong. Ze vertrouwen Richard, de oom en raadgever van de nieuwe koning niet, en merken op: "'t Is waar, een ieders hart is vol van vrees" (2.3.38). Deze kaart geeft een waarschuwing af – blijf op uw hoede en ga niet op uw lauweren rusten. U hebt enig succes geboekt, maar u moet waakzaam blijven, want de klus is nog niet geklaard. Niets kon Richard afbrengen van zijn streven om koning te worden. Zijn methoden waren verschrikkelijk, maar hij wist wel hoe hij zijn doel moest bereiken! Het moment is gekomen om de tussenbalans van uw leven op te maken, maar u moet daarbij wel bedenken dat u nog veel te doen hebt en dat u er nog lang niet bent. Er wachten u nog grote uitdagingen, dus ga in uw besluitvorming zorgvuldig te werk. Misschien laat u zich door kleine tegenslagen uit het veld slaan. Neem even een adempauze. De toekomst ziet er rooskleurig uit, maar u bereikt nog niet precies wat u wilt. Deze kaart kan duiden op angst voor mislukkingen, maar ook op angst voor eventueel succes. Zorg ervoor dat u zichzelf niet in de wielen rijdt door een gebrek aan vertrouwen in uw mogelijkheden. Richard dacht dat hij op een wettige manier geen koning kon worden en sloeg daarom aan het moorden. Soms staat deze kaart voor de opruiming en de reiniging van het oude om plaats te maken voor het nieuwe – enigszins in Richards stijl.

    In omgekeerde ligging geeft deze kaart aan dat wat u met veel moeite nastreeft nauwelijks meer de moeite waard lijkt te zijn. Uw verplichtingen rusten als een loden last op uw schouders. U stuit continu op nieuwe complicaties en voelt zich gedesillusioneerd en somber. Misschien bent u ongeduldig of onvoorzichtig. In financieel opzicht gaan de zaken niet zoals ze zouden moeten gaan. Misschien hebt u geldzorgen of bent u bang dat iemand er met uw ideeën, uw geld of uw bezittingen vandoorgaat. Mogelijk bent u terecht achterdochtig, net als de mensen in Richards omgeving.

MUNTEN VIII

Armzalig zij, wien 't aan geduld ontbreekt.
– Othello (2.3.376)

"Geneest een wond ooit anders dan allengskens!" zegt Jago tegen Roderigo, die begint te vermoeden dat Jago hem bedondert. Roderigo's geduld raakt op, want Jago heeft hem zwaar gedupeerd bij vruchteloze pogingen om Desdemona te veroveren. Jago's uitspraak zou op hemzelf kunnen slaan, want hij gaat in het zetten van zijn valstrik voor Othello uiterst geduldig te werk. Hij is een uitgekookte figuur die zelden liegt, maar de waarheid wel steeds in zijn belang verdraait. Eerlijkheid en oprechtheid zijn aspecten van deze kaart. Ironisch genoeg wordt Jago vaak als 'eerlijk' aangeduid, terwijl hij uiterst verraderlijk is. Deze kaart geeft aan dat u uw gaven goed gebruikt en dat u voldoening en geld oogst met werkzaamheden die u graag verricht. Misschien ontdekt u nieuwe mogelijkheden in uzelf of vervolmaakt u uw vaardigheden nog verder. U kunt u Shakespeare voorstellen tijdens de hoogtijdagen van zijn carrière, terwijl hij met veel genoegen een vleesgeworden schurk creëert. Voorzichtig, geduldig en met veel oog voor detail bereidt u zich voor op de toekomst en beschermt u datgene wat u met hard werken hebt opgebouwd. Vlijtig en met volharding richt u zich op de toekomst.

In omgekeerde ligging geeft deze kaart aan dat u te hard werkt, genoeg hebt van uw werk of toe bent aan een nieuwe baan. Misschien moet u er even tussenuit. Misschien is iemand tijd aan het verdoen terwijl anderen alle werk verzetten, zoals Falstaff en zijn kameraden in Eastcheap. Misschien bent u niet goed opgeleid voor uw werk. U kunt er geen enthousiasme meer voor opbrengen. Schulden of verlangens naar meer geld kunnen tot onvoorzichtige of dubieuze plannen leiden.

MUNTEN IX

Mijn mildheid is zoo grensloos als de zee.

– Romeo en Julia (2.2.133)

Julia is smoorverliefd op Romeo. Haar liefde lijkt onbeperkt en oneindig. Romeo en zij hebben de absolute, ware liefde gevonden. Deze veelbetekende kaart staat voor winst, zelfvervulling of het bereiken van een hoog ideaal. U kunt nu succes boeken op alle denkbare niveaus: financieel, emotioneel, fysiek en spiritueel. Wees trots op wat u hebt bereikt en profiteer van uw materiële luxe en uw financiële zekerheid. Geniet van uw liefhebberijen of uw vrije tijd: misschien ligt er een mooie vakantie voor u in het verschiet, al dan niet met aangenaam gezelschap. U voelt zich sterk, weet wat u waard bent en bent uiterst voldaan. Misschien bent u, net als Julia, in de ban van een bijzondere liefde die alles in uw leven in een bijzonder licht plaatst.

      In omgekeerde ligging duidt deze kaart op door schade en schande wijs worden. Misschien wordt iemand die u goed kent door gebrek aan inzicht of een onberaden actie het slachtoffer van bedrog of misleiding. Mercutio wordt door Tybalt gedood wanneer Romeo in hun gevecht tussenbeide probeert te komen. Misschien ligt het succes net buiten uw bereik. Uw situatie is nog wat onstabiel. Net wanneer Romeo en Julia menen dat ze het hoogste geluk hebben bereikt, wordt Romeo verbannen. Misschien hebt u het idee klem te zitten. Misschien speelt er een ruzie om geld of materiële zaken. Wellicht maakt u of iemand anders misbruik van andermans goedgeefsheid.

MUNTEN X

Geen erfenis is zo rijk als een goede naam.
– Eind goed, al goed (3.5.13)

Een Florentijnse weduwe drukt haar dochter Diana op het hart dat ze op haar hoede moet zijn voor de avances van graaf Rousillon, omdat het gerucht wil dat hij al getrouwd is. Diana moet het hebben van haar eergevoel en integriteit. Als Bertram haar een ring wil geven die hij zelf heeft omgehad, met de woorden, "het is een eerekleinood van ons huis," zegt Diana daarop: "Mijn eer is zulk een ring" (4.2.43). Een erfenis hoeft niet noodzakelijkerwijs uit geld te bestaan. Deze kaart staat voor al het goede in het leven: geluk, succes, voorspoed en de steun van familieleden en vrienden. U bent tevreden, voelt zich veilig en komt niets tekort. U wordt materieel en emotioneel beloond. Misschien wachten u nog betere tijden en zult u er nog verder op vooruitgaan, bijvoorbeeld door een erfenis. U weet wat werkelijk betekenis in het leven heeft, zoals goede familiebanden, loyaliteit, wijsheid en eerlijkheid.

In omgekeerde ligging kan deze kaart duiden op zakelijke of financiële problemen. Misschien wordt u bestolen of verliest u geld met gokken. Een erfenis kan tegen blijken te vallen. Misschien wijst u de traditionele kijk op het leven af, zoals de Franse koning opmerkt: "Jong're geesten ... wier wuftheid alles hekelt, wat niet nieuw is" (1.2.6) Misschien weigert iemand u financiële of anderssoortige hulp. Mogelijk staat iemands reputatie op het spel. Wellicht slaat u goede raad in de wind, net als Bertram. Misschien raakt u vervreemd van uw familie, zoals Bertram, die naar Italië vlucht om aan zijn huwelijk met Helena te ontsnappen. Misschien speelt er een loyaliteitsconflict – de koningsdrama's geven daarvan talloze voorbeelden.

ZWAARDEN PRINSES: Viola

O! Bij mijn jeugd en onschuld, eed'le vrouw,
Ik heb één hart, één boezem en één trouw,
En die bezit geen vrouw; en ook niet één
Zal meesteresse zijn, dan ik alleen.

– Driekoningenavond (3.1.169–172)

PERSONAGE

Viola is een optimistische, intelligente vrouw die mensen en situaties snel doorziet. Ze heeft schipbreuk geleden in Illyrië en is gescheiden van haar tweelingbroer Sebastiaan, maar laat zich door deze tegenslagen niet uit het veld slaan. Ze vermomt zich als jongen en geeft zich uit voor Cesario, een page van hertog Orsino. De hertog laat Cesario in zijn naam de teruggetrokken Olivia het hof maken, maar Olivia wordt verliefd op Cesario. Viola/Cesario zelf vat intussen liefde voor de hertog op. Alleen Viola weet hoe alles precies in elkaar zit, maar vanwege haar vermomming kan ze niets doen. "O, Tijd! War gij deez' draden uit elkaar" (2.2.41), laat ze zich daarover ontvallen. Dankzij haar vermomming kan ze Olivia en Orsino op een unieke manier becommentariëren, want "Ik ben niet, wat ik ben" (3.1.153). Aan Orsino vertelt ze dat ze houdt van iemand "zoo ongeveer als gij, zoo van uw leeftijd, heer" (2.4.27). Of ze nu met een dwaas discussieert of met de hertog over de liefde praat, Viola is altijd oprecht. Ze veinst nooit en dankzij haar openhartigheid en charme ervaren de verder melodramatisch handelende figuren echte emoties. Ze treurt oprecht om haar broer, maar wentelt zich niet in haar verdriet. Haar liefde voor Orsino is volledig oprecht. Ze is niet verliefd op de liefde. Viola is praktisch en nuchter en blijft geloven in de liefde.

ROL

Zwaarden prinses staat voor jeugdige kracht. Ze vertegenwoordigt een vastberaden, gepassioneerde en enthousiaste figuur. Ze verveelt zich niet graag. Ze is bijzonder kranig. In situaties waarin improvisatie vereist is, weet ze zich razendsnel aan te passen en is ze op haar best. Ze heeft een scherp oog voor minder voor de hand liggende details die anderen ontgaan. Ze is dan ook een feilloos waarneemster en zelfs een ideale spionne. Een kwaadaardige variant van Viola zou veel kwaad kunnen aanrichten, maar zij is en blijft oprecht. Haar vermomming is noodzakelijk voor haar en stelt haar in staat meer van zichzelf bloot te geven dan normaal gesproken mogelijk zou zijn. Zwaarden prinses wijst u erop dat u altijd alert moet blijven en bij problemen op uw bekwaamheden moet blijven vertrouwen. Misschien doet zich onverwachts een lastige situatie voor waarbij u al uw waakzaamheid en inzicht nodig hebt om adequaat te kunnen reageren.

Net zoals Viola zich op poëtische wijze van haar taak als boodschapster kwijt, staat deze kaart voor iemand met uitstekende communicatieve vaardigheden in de meest uiteenlopende situaties en met zeer verschillende figuren. Zij is nieuwsgierig en blijft steeds geconcentreerd. Ze zet haar verstandelijke vermogens op zinnige wijze in en bekijkt een probleem van alle kanten. Ze weet door te dringen tot de verborgen kern van een zaak, waarmee echter niet gezegd is dat ze alle problemen oplost. Ze slaagt er meestal in haar oordelen niet door haar emoties te laten vertroebelen. Viola laat zich niet door de lugubere stemming in haar omgeving overspoelen, maar vertrouwt erop dat een ander de problemen rond haar situatie zal oplossen. Net zoals Viola plichtsgetrouw Olivia namens Orsino het hof maakt, ondanks haar eigen gevoelens voor hem, houdt staven prinses dankzij haar oprechtheid en sterke morele besef altijd woord, hoe moeilijk en pijnlijk dat ook voor haar is.

In omgekeerde ligging suggereert deze kaart dat iemand sterk door zichzelf in beslag genomen is en de realiteit uit het oog verliest. Misschien voelt u zich machteloos tegenover een kracht die sterker is dan uzelf, net zoals Olivia haar gedachte aan het celibaat opzij zet wanneer ze de charmante Cesario leert kennen. Misschien zint iemand op wraak of blijkt hij of zij onbetrouwbaar te zijn. Een observerende houding kan omslaan in voyeurisme. Misschien onderneemt u een ondoordachte zoektocht. Mogelijk is er sprake van woede, onnodige ruzies of impulsieve acties. Misschien vergeet u wat voor uitwerking uw woorden en daden op anderen hebben.

Misschien hebt u het gevoel dat u niet kunt zeggen wat u werkelijk vindt. Een boodschap kan slecht worden begrepen, zoals Malvolio de brief van Maria verkeerd opvat.

ZWAARDEN PRINS: Armado

> ...een reiziger uit Spanje, trotsch en edel,
> In al der wereld nieuwheid uitgeleerd,
> En met een munt van woorden in zijn schedel;
> Een man, wien 't raat'len van zijn ijd'le tong
> Als tooverzang verrukt; en zoo volmaakt,
> Dat, meent hij, recht noch onrecht, op den sprong
> Van strijden staand, ooit hem als scheidsman wraakt.
>
> – Veel gemin, geen gewin (1.1.164–170)

PERSONAGE

Don Adriano de Armado verblijft aan het hof van koning Ferdinand van Navarre. Deze roekeloze militair en minnaar vol poëtische bravoure is gebaseerd op de historische Antonio Perez, de secretaris van koning Filips II van Spanje. Deze naar eigen zeggen "veelbereisden man, die den wereld gezien heeft" (5.1.113) is nu eens geestig en dan weer melancholiek of hoogdravend. De koning geniet van zijn gefantaseer: "Mij is zijn leugentaal een zoet vermaak" (1.1.176). De koning bepaalt dat hij samen met drie vrienden drie jaar lang zal gaan vasten en studeren. In die tijd mag hij geen contact met vrouwen meer hebben. Dit plan is al direct tot mislukken gedoemd, want net wanneer de koning zich wil terugtrekken, arriveren de Franse prinses en haar gezelschapsdames aan het hof. Ook Armado heeft gezworen dat hij in retraite zal gaan, maar erkent dat hij verliefd is op een zekere Jacquenetta. Zijn verliefde protesten zijn flitsend als een schermpartij. Aan roem verwerven in de strijd komt hij voorlopig niet toe, want Armado is verliefd en levert slag met zichzelf om zijn gevoelens onder woorden te brengen: "Denk uit, vernuft; schrijf, pen! Want ik heb plan op geheele boekdeelen in folio" (1.2.187). Hij beperkt zich nooit tot één woord als hij er ook drie kan gebruiken. In laatste instantie gaat dit stuk, dat vol staat met virtuoze taalgrappen, meer over taal dan over passie. Ondanks alle welgemeende liefdesverklaringen van de verschillende liefdesparen wordt er niet één huwelijk gesloten. Alleen Armado voegt de daad bij het woord en zweert dat hij met Jacquenetta zal gaan trouwen.

ROL

Staven prins duidt op een kruisridder, een bevlogen man van de daad die op zijn queeste de wereld verovert. Hij is nieuwsgierig en goed van de tongriem gesneden en trekt, overtuigd van zijn eigen betekenis en onoverwinnelijkheid, vol vuur ten strijde. Graag treedt hij op als redder in de nood. Deze kaart heeft iets van een Don Quichotte en als u niet uitkijkt, zou u weleens met windmolens in de slag kunnen raken. De echte Antonio Perez signeerde zijn sonetten als 'El Peregrino', 'de zwerver'. Deze prins is een rusteloze figuur, die veel hooi op zijn vork neemt. Met zijn zelfverzekerde gedrag trekt hij volop aandacht, maar hij is nogal ongeduldig en autoritair en kan soms een zelfingenomen, arrogante indruk maken. Hij heeft over alles wel wat te zeggen en gelooft heilig in de juistheid van zijn eigen opinies. Hij heeft graag het laatste woord, of, zoals in het geval van Armado, de laatste woorden. Hij is een vriend op wie je kunt bouwen en zet zich volledig voor je in. In wezen is hij een goed mens, maar zijn bruuske manieren en impulsiviteit veroorzaken soms problemen. Deze kaart suggereert dat u misschien weleens te vlug beslist, zonder alle aspecten van een zaak onder ogen te zien. Misschien wordt het tijd dat u zich, net als Armado aan het slot van het stuk, eens rekenschap van uw daden geeft en wat minder grote woorden gebruikt.

In omgekeerde ligging kan deze kaart wijzen op iemand die zich door wanen laat leiden of zichzelf niet in de hand heeft. Misschien is iemand uit op wraak en wil hij of zij anderen leed berokkenen. De kaart kan echter ook aangeven dat u zich overwerkt en uitgeput voelt.

ZWAARDEN KONINGIN: Beatrice

Wat vuur gloeit in mijn oor? Kan 't waarheid zijn?
Beschuldigt men mij zoo van hoon en spot? –
Vaarwel dan, bitsheid! Maagdetrots, verdwijn!
Geen eer of roem, – miskenning is uw lot!
Bemin mij, Benedict; ik wil 't u loonen;
Mijn hart, hoe schuw, volgt mak uw teed're hand!
Gedwee zal dan mijn liefde als vorst u kronen,
Vereening wenschend door een heil'gen band.

– Veel leven om niets (3.1.107–114)

PERSONAGE

Een boodschapper brengt in Messina, waar Beatrice bij haar oom Leonato en haar nicht Hero inwoont, het bericht dat de vorst van Arragon, Claudio en Benedict in aantocht zijn. Beatrice en Benedict hebben nog een appeltje met elkaar te schillen en zetten hun woordenstrijd meteen voort. "Ik zou liever mijn hond tegen een kraai hooren blaffen, dan een man mij zijn liefde hooren bezweren" (1.1.133), zegt Beatrice, waarop Benedict antwoordt dat de mannen daar opgelucht om zijn. Hij bewondert echter haar gevatheid: "Ik wenschte, dat mijn paard de snelheid had van uwe tong" (1.1.142). Leonato ziet weinig in een verbintenis tussen hen: "Als die ook maar een week getrouwd waren, dan hadden zij elkaar dol gepraat" (2.1.369). De waarheid is echter dat ze voortreffelijk aan elkaar gewaagd zijn. De gevatte Beatrice is een nuchtere vrouw die haar nietsontziende eerlijkheid met humor en charme combineert. Alleen Benedict is opgewassen tegen haar scherpe tong. "Ieder woord doorboort" (2.1.255), roept hij uit. Hun wederzijdse aantrekkingskracht en de ontkenning daarvan zijn zeer gepassioneerd. Iedereen weet dat ze van elkaar houden, maar zelf zijn ze er nog niet achter. Maar omdat ze eigenlijk erg veel om elkaar geven, werkt het plan om hen aan elkaar te koppelen heel goed.

Intussen wordt Hero belasterd, in een poging haar huwelijk met Claudio te torpederen. Beatrice en pater Francisco weten dat de beschuldiging onjuist is, maar de anderen laten zich door de status van haar lasteraars overtuigen. "O God, ware ik een man! Ik zou op de markt zijn hart hem uit het lijf rukken" (4.1.308), zegt Beatrice over Hero's lasteraar. Door de crisis bekennen Beatrice en Benedict elkaar hun liefde. Nadat alles is opgelost en Hero en Claudio herenigd zijn, verklaren Beatrice en Benedict elkaar officieel hun liefde. Gezien hun beider karakters zal hun huwelijk beslist niet saai worden.

ROL

Deze onafhankelijke koningin regeert over de geest. Ze is intelligent, zelfverzekerd, creatief en scherpzinnig. Ze trekt zich niets aan van grote pretenties en andere verdedigingsmechanismen en komt steeds tot de kern van een zaak. Ze staat voor een openhartige figuur met veel overredingskracht. Vanwege haar sterke, vastberaden persoonlijkheid hebben we haar graag als medestandster. We weten precies hoe ze in elkaar zit en wat ze in het leven wil. Ze kan therapeute of lerares zijn. Ze is idealistisch en fair, beschermt de mensen om wie ze geeft en schiet mensen in nood te hulp. Ze herinnert ons eraan dat we speels en geestig moet blijven om niet onaangenaam over te komen. Ze beseft dat mensen nooit volmaakt zijn en houdt van hen ondanks – of juist dankzij – hun tekortkomingen. Ze heeft een scherp oog voor het belachelijke en absurde, en wijst anderen daar graag op.

Met haar scherpe oog en tong verdedigt ze echter ook zichzelf en verhult ze haar kwetsbare kant. Ook houdt ze er potentiële minnaars mee op een afstand. Mischien staat ze voor een verlies uit het verleden: in het stuk lijkt het erop dat Beatrice eerder door Benedict is afgewezen. Voor romantische fantasieën is deze koningin niet vatbaar. Daardoor lijkt ze soms onbenaderbaar, en dat kan eenzaamheid veroorzaken. Juist omdat ze zo sterk is, is het ontroerend wanneer er een bres valt in de muur waarmee ze haar gevoelens afschermt. Benedict is ontroerd door de tranen van Beatrice en vraagt: "Hebt gij al dien tijd geweend?" (4.1.257) Ze stelt buitengewoon hoge eisen aan mannen, waaraan slechts weinigen kunnen voldoen. "Niet eer de lieve God de mannen uit een andere stof dan aarde maakt" (2.1.62) wenst Beatrice te trouwen. Net als zij vindt u uw onafhankelijkheid misschien te belangrijk. Haar potentiële partner moet net zo intelligent en eerlijk zijn als zij en moet laten zien dat het hem menens is in de liefde, zoals wanneer Benedict partij kiest tegen zijn vriend en voor Beatrice.

In omgekeerde ligging staat deze kaart voor Beatrice zonder gevoel voor humor. Plagerijtjes lopen daardoor algauw uit op wrede pesterijen. Iemand met de intelligentie van Beatrice is een vijandin om u tegen te zeggen. De kaart kan wijzen op een bekrompen, jaloerse en zeer kritische figuur die niet snel iets vergeeft. Misschien gebruikt iemand haar verstandelijke gaven om fanatiek haar ambities na te streven, zoals de vrouw van Macbeth. Misschien maakt iemand zich schuldig aan geroddel. Misschien mijdt u het gezelschap van anderen, bent u teleurgesteld en koestert u wrok.

ZWAARDEN KONING:
Richard II & Hendrik Bolingbroke

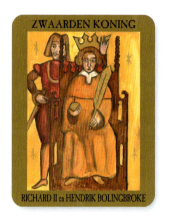

Hier neef, hier, vat de kroon;
Aan gene zijde uw hand, neef, hier de mijne.
Nu is de goudband als een diepe put,
Een met twee emmers, die elkander vullen;
De ledige altijd dansend in de lucht,
De tweede emmer omlaag en ongezien, vol water;
Ik ben die eene omlaag, vol, uit het oog,
Ik drink mijn kommer en hef u omhoog.

– Koning Richard II (4.1.181–189)

PERSONAGE

Het lijkt erop dat Shakespeare veel moeite heeft gedaan om onvolmaakte koningen te scheppen. Geen van zijn vorsten is zonder gebreken. Juist dat maakt hen als personages bijzonder interessant. Staven koning wordt het best gerepresenteerd door Richard II en zijn usurpator Hendrik Bolingbroke. Bij een uitvoering in de jaren zeventig van de vorige eeuw werden hun rollen eens gespeeld door acteurs die sprekend op elkaar leken en in de loop van het stuk als levende spiegelbeelden van rol wisselden. Hendrik, de toekomstige Hendrik IV, belichaamt alles wat Richard niet is, en vice versa. Hendrik is een man van de daad, Richard een dromer met veel fantasie. Hendrik is een politicus, Richard een koning. Hendrik is nuchter en realistisch, Richard is beschouwelijk ingesteld. Hendrik wil macht, Richard heeft altijd macht bezeten. Hendrik is populair bij de gewone man ("Wij zagen... hoe hij in aller harten zocht te sluipen met need'rig doen en zoete minzaamheid", 1.4.25), Richard vaardigt decreten uit ("Niet smeken, maar bevelen is mijn roeping", 1.1.196). Hendrik is een en al zakelijkheid en een echte leider, Richard is een dramaturg, gevoelig en welsprekend, eerder een filosoof ("verliezen moge ik kroon en heerschappij; 'k blijf koning van mijn leed", 4.1.191). Hendrik is de regisseur, Richard de ster. De een is een betere vorst, de ander een betere acteur. Richard verwoordt zijn zelfmedelijden bij zijn troonsafstand op poëtische en ontroerende wijze: "Laat ons van graven spreken, wormen, grafschrift, stof nemen voor papier en kommer schrijven met stroomende oogen op de borst der aard" (3.2.145). Hendrik, die graag een eerlijk mens wil zijn, lijdt onder schuldgevoelens vanwege zijn machtsgreep en de moord op Richard. Misschien had Richard Hendriks redevoeringen moeten schrijven…

ROL

Staven koning staat voor iemand die intelligentie en daadkracht, creatief denken en een vooruitziende blik met elkaar combineert. Richard en Hendrik belichamen verschillende aspecten van deze koning. Hij is machtig – Richards macht is van God gegeven, Hendrik heeft de steun van het volk. Hij geniet van zijn positie – Richard wat meer dan de realistische Hendrik. Hij inspireert – Richard met het woord, Hendrik met zijn daadkracht. Hij is intelligent en deskundig. Hendrik is een echte regeerder, Richard een introverte, wijsgerige figuur. Deze koning is welbespraakt. Hendrik drukt zich duidelijk en direct uit, Richards verfijnde poëzie ontroert soms zelfs zijn vijanden. Hij is een idealist, zij het vooral gericht op macht. Richard en Hendrik zijn allebei in staat anderen te manipuleren om hun eigen positie te versterken. Net als zij doorziet u wellicht een situatie snel. Staven koning is fair en principieel, onpartijdig en objectief, en bereid alle kanten van een zaak in ogenschouw te nemen. Hendrik rechtvaardigt zijn machtsgreep deels met het argument dat hij een betere machthebber is dan Richard. Deze koning bestrijdt corruptie. Hendrik handhaaft de wet, Richard is de wet. Staven koning stimuleert u tot zelfdiscipline en doelgericht optreden. Misschien moet u, net als Richard, een groot persoonlijk offer brengen. Hendrik gaat zorgvuldig met zijn macht en zijn onderdanen om, Richard lijdt ernstig onder het verlies van zijn macht. Staven koning is vaak eenzaam, iets wat voortvloeit uit het koningschap. Hendrik wordt, als hij alleen is, door wroeging gekweld. Richard denkt in zijn cel veel na en geeft zich over aan "een teelt van zich steeds meerd'rende gedachten, en die bevolken deze kleine wereld" (5.5.8).

In omgekeerde ligging wijst deze kaart op cynisme of humorloosheid. Misschien wordt het vaderlijk gezag te streng gehanteerd, zoals door Lear wanneer hij Cordelia onterft en door Leontes wanneer hij in *Een winteravondsprookje* zijn dochter verbant. Mogelijk vergeet een leider, net als Richard II, dat hij de steun van zijn onderdanen nodig heeft. Deze kaart kan verwijzen naar een zwakke, besluiteloze figuur, zoals koning Jan, of naar een kil, afstandelijk heerser. Mogelijk voelt u zich door een beslissing onheus bejegend.

ZWAARDEN I

Gebaren zijn reed'naars.
— Coriolanus (3.2.76)

Volumnia verzoekt haar zoon Coriolanus om nederig de gunsten van de mensen af te smeken. Hij hoeft in wezen niets te zeggen om hen van zijn nederigheid te overtuigen. Maar Coriolanus is een dappere strijder en een slechte politicus. Ondanks zijn overwinningen op het slagveld en ondanks zijn scherpe observatie dat mensen wispelturig zijn, belet zijn trots hem door het stof te gaan om een politieke functie te verwerven. "Zoudt gij willen dat ik mijn aard verzaakte?" (3.2.14) vraagt hij zijn moeder. Inderdaad, dat heeft ze ervoor over als hem daardoor de eerbewijzen toevallen die hij verdient. Deze kaart staat voor intelligentie, redelijkheid, integriteit, moed en grote vastberadenheid bij het bereiken van een bepaald doel. Net als Coriolanus krijgt u misschien een kans die een beroep doet op al uw bekwaamheden en communicatieve vaardigheden. Het is een opwindend en riskant moment, waarop u uw impulsiviteit moet bedwingen. Macht kan destructief of positief worden gebruikt — Coriolanus kon Rome verdedigen of de stad verwoesten. Wees beslist en denk goed na. Wees trots op wat u eerder hebt bereikt, maar sta open voor nieuwe ontwikkelingen. Waai niet met elke wind mee, zoals de Romeinen, maar zorg ervoor dat u zich blijft ontwikkelen. Durf onbekende wegen in te slaan en vertrouw daarbij op uw bekwaamheden.

In omgekeerde ligging geeft deze kaart aan dat het soms nodig is anderen hun zin te geven. Coriolanus kan alleen voor Volumnia zwichten. De kaart kan wijzen op een gênante situatie of een afgang. Misschien bent u bang voor kritiek en durft u daarom niets te doen. Zorg ervoor dat uw daden geen averechtse uitwerking hebben. Misschien heeft iemand een opvliegend karakter of tiranniseert hij of zij anderen.

ZWAARDEN II

Te zijn of niet te zijn, ziedaar de vraag.
— Hamlet (3.1.56)

Hamlet overweegt vele mogelijkheden om de moord op zijn vader te wreken. Wanneer hij deze beroemde monoloog uitspreekt, lijkt hij niet in staat te zijn een beslissing te nemen, uit angst voor de consequenties. Wie heeft niet weleens een onaangename situatie voor lief genomen, omdat dat beter leek dan te "vluchten tot een kwaad ons onbekend?" (3.1.81) Deze kaart staat voor het moeten kiezen tussen twee uitersten, het afwegen van vrijwel identieke mogelijkheden of het worstelen met een dilemma. "Het peinzen maakt lafaards van ons allen" (3.1.83), realiseert Hamlet zich. Misschien bent u in conflict met uzelf of hebt u het idee dat u bent vastgelopen. Misschien durft u een situatie niet onder ogen te zien. Het probleem verdwijnt niet vanzelf. Misschien treedt u of een ander als bemiddelaar op om een geschil harmonieus op te lossen. Misschien bent u bang en besluiteloos, maar er moet een keuze worden gemaakt. Er moeten knopen worden doorgehakt.

In omgekeerde ligging geeft deze kaart aan dat de patstelling is doorbroken. Misschien is er een verkeerde beslissing genomen of speelt er een loyaliteitsconflict. De arme Ophelia werd verscheurd tussen haar liefde voor Hamlet en haar trouw aan haar vader. Een machtsevenwicht is mogelijk alleen haalbaar door belangrijke kwesties te negeren. Het blijft onduidelijk wat Gertrude precies over de dood van haar man wist. Misschien moet u de vinger op de zere plek leggen, net zoals Hamlet toen hij het toneelstuk-in-het-toneelstuk liet opvoeren.

ZWAARDEN III

Geef uw jammer woorden.

– Macbeth (4.3.208)

Macduff heeft net te horen gekregen dat zijn vrouw, zijn kinderen en zijn bedienden zijn vermoord. Dit nieuws is des te verschrikkelijker voor hem omdat hij weet dat ze niet zijn gedood omdat ze iets hebben misdaan, maar omdat Macbeth bang voor hem is. Macduff moet zijn gevoelens wel uiten, of "ingehouden smart breekt door zijn fluist'ren 't overladen hart" (4.3.208). Deze kaart staat voor verbijstering of voor leed dat voortkomt uit ruzie of misverstanden. Een compromis of verzoening is vaak niet meer mogelijk. Vriendschappen worden verbroken. Deze kaart staat voor het idee van pijn en leed, en niet zozeer voor de pijn zelf. Hij kan ook wijzen op een driehoeksverhouding of een onmogelijk amoureus verlangen. Misschien gelooft u niet meer in uw baan of relatie en voelt u zich ongelukkig. Ondanks alles kan diep verdriet echter grote creatieve vermogens in u losmaken.

In omgekeerde ligging suggereert deze kaart dat een catastrofe is afgewend, wat een gevoel van opluchting teweegbrengt. Een ruzie of probleem is misschien net achter de rug of het ergste leed is geleden. Met Macbeths afgehakte hoofd in zijn handen zegt Macduff: "Het land is vrij" (5.8.54). Er kan een nieuw evenwicht tussen conflicterende krachten zijn gevonden en het herstel kan beginnen – met vernieuwde kracht en met nieuwe perspectieven. Aan de andere kant kan pijn worden genegeerd, wat tot een zenuwinstorting kan leiden. Macbeths vrouw kon zich niet losmaken van haar schuldgevoelens en werd krankzinnig.

ZWAARDEN IV

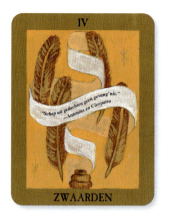

Schep uit gedachten geen gevang'nis.
— Antonius en Cleopatra (5.2.185)

Na de dood van Antonius zegt Octavianus tegen Cleopatra dat ze zich geen zorgen moet maken: hij zal haar goed behandelen. Maar zij doorziet hem en houdt zichzelf voor: "'t Zijn woorden, meisje, woorden" (5.2.191). In haar eenzame opsluiting beseft ze dat de Romeinen haar als een marionet willen laten gebruiken. Deze kaart staat voor een zelfgekozen isolement, met de bedoeling alles weer op een rijtje te zetten. Het kan gaan om een herstelperiode na een ziekte of om rust na zware arbeid. U zoekt de eenzaamheid wellicht op om te bidden of om goed na te denken. Misschien gaat u te rade bij iemand met veel levenservaring of zet u uw gedachten op papier. Het is tijd voor zelfreflectie. U bevindt zich in het 'oog' van de storm — een plekje van bijna bedrieglijke rust te midden van de spanning en de hectische drukte — en u hebt dit zelfverkozen isolement hard nodig. De stress kan u uw gezondheid kosten als u geen stapje terug doet. Deze kaart kan ook duiden op een vastgelopen project. Misschien bent u een doodlopende weg ingeslagen en hebt u tijd nodig om weer op uw schreden terug te keren.

In omgekeerde ligging duidt deze kaart op het hervatten van activiteiten, zij het behoedzaam. Octavianus is niet blij met de dood van Antonius en Cleopatra, maar het leven in Rome gaat door. U maakt voorzichtig een einde aan uw isolement. U gaat weer aan het werk, bent weer beter en hebt weer nieuwe energie. Langzaam komt alles weer op gang. U bent letterlijk of figuurlijk weer wakker en ziet alles een stuk scherper, net zoals de twee liefdespaartjes in *Een midzomernachtsdroom*.

ZWAARDEN V

En ik betreur nog eens wat is geweest.

– Sonnet 30

Dit sonnet is een klaaglied over verloren vrienden, onvervulde verlangens en onvoltooide ondernemingen. De pijn van het verdriet is nog fel en hevig. Iets in uw leven is niet volgens plan verlopen. Misschien wilt u het liefst ontsnappen – letterlijk of in oude herinneringen. U hebt heimwee naar tijden die voorgoed voorbij zijn en bent geneigd gebeurtenissen uit het verleden in het licht van de huidige situatie te bezien. Een pijnlijke situatie maakt misschien dat u zich gelukkiger tijden herinnert. Misschien overweegt u een – wrede – tegenactie voor het leed dat u is aangedaan. Uw gedachten zijn versnipperd, als onsamenhangende herinneringen. Misschien moet u uw trots opzij zetten en de omstandigheden reëel onder ogen zien. Na het verraad van Cressida wijdt Troilus zich verder aan een zinloze oorlog. Wellicht heeft uw gevoel van eigenwaarde een deuk opgelopen. Misschien zit u hopeloos verstrikt in een conflict. Mogelijk is er sprake van een beproeving en bent u bang voor een afgang of nederlaag. Ga na hoe u uw eigenbelang het best kunt dienen. Mogelijk valt er voor u niets te winnen of is de prijs van een 'overwinning' veel te hoog voor u.

In omgekeerde ligging heeft deze kaart niet veel beters te bieden. Aan het einde van het sonnet is een sprankje hoop voelbaar. De ik-figuur denkt aan een nieuwe liefde, die de pijn van oud verdriet kan verlichten. Bij deze kaart gaat het om een *suggestie* van hoop. De kaart heeft een aspect van 'naweeën': van de ontmoedigende fase na een uitputtende strijd. Er is iets weg of kapot – een vriendschap, vertrouwen of hoop – en u voelt zich verzwakt. De toekomst is onzeker: er zal nog veel puin moeten worden geruimd. Na de slachtingen uit *Koning Hendrik VI, deel 3* heeft Edwards uitspraak "want nu, zoo hoop ik, wacht ons lust alleen" (5.7.46) weinig waarde. Het publiek weet immers dat de doortrapte Richard III al in de coulissen klaarstaat.

ZWAARDEN VI

Ik ga hier op en neer, opdat mijn geest weer kalm zij.
— De storm (4.1.162)

Prospero heeft net de geesten van Iris, Ceres en Juno opgeroepen om de verbintenis van Ferdinand en Miranda te vieren. Opeens herinnert hij zich dat Stephano, Trinculo en Caliban tegen hem hebben samengespannen. Met het excuus "dit oude hoofd loopt thans mij om" gaat hij bij zijn dochter weg om iets tegen deze lieden te doen. De kaart duidt op een doelgerichte reis. De reis kan naar een nieuwe plaats voeren, zodat een oud probleem in een nieuw daglicht wordt geplaatst, of een symbolische reis zijn waardoor de geest wordt opgefrist en u afstand neemt van oude ideeën. De reis leidt tot herstel van de gemoedsrust en de innerlijke vrede. Alle personages uit *De storm* zijn door hun verblijf op het eiland voorgoed veranderd. De kaart staat ook voor de logische, wetenschappelijke geest die afstand van zijn studieobject kan nemen. Soms stamt kennis uit onverklaarbare bronnen, zoals de toverkunst van Prospero. De communicatie is helder en origineel en er treedt verbetering op in de situatie.

In omgekeerde ligging duidt deze kaart op een onthulling, een verrassing of een ongewenst voorstel dat een verlangen om te vluchten wakker roept. Misschien is er geen oplossing voor een bepaalde situatie, maar kunt u er niet aan ontkomen, net zoals de door Prospero versteende schipbreukelingen. Misschien verzet u zich tegen nieuwe gezichtspunten en kunt u mentaal geen afstand van uw situatie nemen. Misschien ondervindt u op reis problemen of hebt u het idee dat anderen u onderweg in de steek laten.

ZWAARDEN VII

Eerst woord, dan slag.

– Julius Caesar (5.I.27)

Op de laagvlakte van Philippi vindt voorafgaand aan de veldslag tussen hun legers een ontmoeting plaats tussen Brutus, Cassius, Antonius en Octavianus. Octavianus zegt: "Niet ons zijn woorden liever, zooals u" (5.I.28), waarop Brutus antwoordt: "Goed woord gaat boven boozen slag" (5.I.29). Brutus was leider van de samenzwering tegen Caesar en zijn slag was inderdaad "boos". Al zijn pogingen tot "goede woorden" te komen eindigden rampzalig. Deze kaart staat voor plannen, verwachtingen, gewaagde ondernemingen en de noodzaak tot diplomatie, strategie en zelfs sluwheid om een doel te bereiken. Wees op uw hoede, want er kan vals worden gespeeld, maar zorg ervoor dat u niet té achterdochtig wordt. Dit is een waarschuwing dat mensen en dingen soms niet zijn wat ze lijken te zijn, zoals Brutus, die zijn snode ambities een eerbiedwaardig tintje geeft. Let op of iemands daden en bedoelingen wel met elkaar stroken. Vraag advies, overweeg de consequenties van uw daden en kom dan pas in actie. Stel zo nodig uw plannen bij. Misschien is een bepaalde onderneming te riskant. Twijfel aan uzelf kan belemmerend werken, maar overmoed kan desastreuze gevolgen hebben. Voor Brutus heiligt het doel alle middelen, tot moord aan toe. Vertrouw op uzelf en houd vol. Zorg ervoor dat u goed beslagen ten ijs komt.

In omgekeerde ligging staat deze kaart voor onzekerheid, onduidelijke adviezen en te grote voorzichtigheid. "De arme Brutus, met zichzelf in strijd" (I.2.46), moet kiezen tussen zijn patriottisme en zijn respect voor Caesar. Misschien is er sprake van onenigheid, zoals die ook tussen de Romeinse samenzweerders heerste. Door een excuus kan soms een ongemakkelijke situatie worden opgeheven.

ZWAARDEN VIII

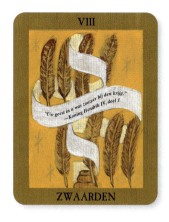

Uw geest in u was zoozeer bij den krijg.
— **Koning Hendrik IV, deel I (2.3.59)**

Lady Percy vraagt haar man, Heetspoor, waarom hij zo onrustig is. Hij is dat niet voor niets, want hij beraamt een opstand tegen koning Hendrik IV. Deze kaart staat voor beperking, opsluiting en jezelf inhouden. Misschien voelt u zich door anderen of de omstandigheden gevangen of wilt u zich bevrijden uit een beklemmende situatie of uit een vicieuze cirkel van deprimerende gedachten. Meestal staat deze kaart voor zelfopgelegde beperkingen, voor twijfel aan uzelf en de manier waarop u uw eigen inspanningen op niets laat uitlopen. Misschien bent u bang voor het onbekende, bent u onzeker, aarzelt u te veel of bent u ten prooi gevallen aan gevoelens van machteloosheid. Misschien ontwaart u overal gevaren en projecteert u uw angsten op de buitenwereld, zodat ze uitgroeien tot grote hindernissen. U hebt het gevoel dat u aan handen en voeten gebonden bent en dat u geen kant uit kunt. Waarschijnlijk kijkt u niet op een realistische manier tegen de zaken aan. Misschien hebt u een emotionele klap gehad of bent u stevig bekritiseerd. Hoe dan ook, met vastberadenheid en geduld – Heetspoor was uitermate vastberaden, maar niet erg geduldig – komt u er wel.

In omgekeerde ligging duidt deze kaart op een opmerkelijk voorval, op een kleine triomf in een moeilijke periode. Net als Falstaff, die een veldslag overleefde door zich dood te houden, kunt u met enige improvisatie veel bereiken. U kunt uw beperkingen overwinnen en weer op het goede spoor belanden. Na de slag bij Shrewsbury kon Hendrik IV zijn zege nauwelijks vieren. De kroonprins en hij vertrokken direct naar Glendower in Wales. U blijft na een zege misschien het idee houden dat u bent verraden, maar een nieuwe start is mogelijk.

ZWAARDEN IX

Dan wijkt de slaap, die nooit bij zorg vernacht.
– Romeo en Julia (2.3.36)

Broeder Lorenzo is verrast dat Romeo al zo vroeg op is en wijt zijn slapeloosheid aan zijn verdriet over Rosalinde. Deze kaart staat voor zorgen, gepieker, knagende twijfel en de kwellingen die we ondergaan wanneer we het ergste vrezen of oude wonden openrijten. Onze gevoelens staan in het teken van jaloezie en angstige voorgevoelens. Julia stelt zich voor wat er allemaal mis kan gaan als ze de slaapdrank opdrinkt. Deze kaart kan wijzen op een situatie die niet wordt opgelost omdat u zo bang bent dat u niet weet waar u moet beginnen. Misschien onttrekt iemand zich aan zijn verantwoordelijkheden. Gevoelens van schuld, schaamte, pessimisme en somberheid kunnen de kop opsteken. Misschien komt er een pijnlijke waarheid aan het licht. Iemand kan een verwonding of ziekte oplopen. Slapeloosheid, nachtmerries en negatieve gedachten zijn mogelijk. Misschien voelt u zich geïsoleerd of hebt u behoefte aan afzondering. Zorg ervoor dat uw angsten niet worden bewaarheid. Deze kaart staat dan ook voor het geloof dat de tijd alle wonden kan helen.

In omgekeerde ligging wijst deze kaart op het einde van de nachtmerrie, de depressiviteit en de schuldgevoelens. U wentelt u niet langer in zelfmedelijden. Zodra Romeo Julia heeft leren kennen, treurt hij niet meer om Rosalinde. Misschien durft u uw angsten en gevoelens van zelfhaat onder ogen te zien. Misschien concludeert u dat uw angsten gerechtvaardigd waren of dat u oneerlijk bent behandeld. Misschien ontkent iemand gevoelens van schaamte, eenzaamheid of neerslachtigheid.

ZWAARDEN X

Twijfel voeden is verraad.
— Maat voor maat (I.4.77)

Isabella hoort dat haar broer Claudio ter dood is veroordeeld en weet niet hoe ze hem moet redden.

Lucio drukt haar op het hart zich niet door haar twijfel te laten verlammen. De ramp treft niet alleen Isabella: heel Wenen lijdt onder het hardvochtige bewind van Angelo, dat zo verschilt van de regering van de afwezige hertog. Iedereen voelt zich machteloos. Voor Isabella komt het dieptepunt wanneer Angelo haar aanbiedt Claudio te sparen als hij met haar mag slapen. Isabella meent dat Claudio's lot bezegeld is. Haar eer is belangrijker dan zijn leven. Net als zij accepteert u misschien uw situatie en geeft u zich over aan het noodlot. Misschien stelt u vertrouwen in iemand die u verraadt. Angelo bedriegt Isabella door opdracht tot Claudio's executie te geven nadat zij op zijn verzoek lijkt te zijn ingegaan. Tot het allerlaatst denkt Isabella dat haar broer dood is. Toch wil ze dat Angelo's leven wordt gespaard. Deze kaart staat voor de afsluiting van een zaak en het bijleggen van geschillen. Er is hoop op verandering en Isabella bezit de kracht om in een betere toekomst te geloven.

In omgekeerde ligging wijst deze kaart erop dat alles beter zal gaan. Een doorbraak kan ophanden zijn, zoals de spectaculaire onthullingen aan het slot van dit stuk. De spanning neemt af en er is herstel mogelijk. Misschien bent u uw pijn nog niet helemaal te boven en koestert u nog angst voor de toekomst. Isabella's toekomst is onzeker: haar huwelijk met de hertog lijkt weinig veelbelovend. Misschien ziet u anderen als inwisselbare, zwakke figuren.

STAVEN PRINSES: Volumnia

Toen hij nog een teedere knaap was en de eenige zoon van mijn schoot... toen dacht ik reeds, hoe goed eer en roem zulk een wezen sieren zouden, en dat niets beter zou zijn dan een schilderij aan den muur, als geen eerzucht het leven deed; toen reeds was het mij een genot hem gevaar te doen zoeken, als hij er roem door vinden kon. Ik zond hem in een moorddadigen krijg; hij kwam er van terug met eikeloof om de slapen... had ik twaalf zoons... ik zou er liever elf een edelen dood voor hun land zien sterven, dan een enkelen in weelde zien zwelgen zonder krijgsmansdaden.

– Coriolanus (I.3.6–27)

PERSONAGE

Deze formidabele en aristocratische Romeinse matriarch is de moeder van Gaius Marcius, die na zijn zege op de Corioli Coriolanus wordt genoemd. Volumnia heeft al haar ambities in haar enig kind geïnvesteerd en hem tot een sterfelijke oorlogsgod gemaakt. Toen hij nog in de wieg lag, wilde ze al dat hij een groot veldheer zou worden en ze eist dan ook de eer voor zijn successen op: "Uw moed was mijn; gij zoogt dien aan mijn borst" (3.2.128). Hij is volledig door haar gevormd. Volumnia streeft ernaar haar zoon de hoogst mogelijke lauweren te laten oogsten, en alleen zij kan hem daarbij met raad en daad terzijde staan: "Geen man op aard die meer zijn moeder dankt" (5.3.158).

Volumnia kan zich qua moed en doorzettingsvermogen met alle mannen meten. Wanneer Coriolanus wordt verbannen en zij Rome vervloekt, spreekt hij haar moed in met de woorden: "Moeder, schep weer den moed, die vaak u zeggen deed, dat, waart gij vrouw van Hercules geweest, gij zes van zijn werken had verricht en uw gemaal dat zweet bespaard" (4.1.15-19). Jammer genoeg was voor Volumnia zelf geen militaire of politieke carrière weggelegd. Zij heeft er net zo'n hekel aan om zich voor het gepeupel te verlagen als haar zoon, maar zij is bereid te doen wat nodig is om haar doel te bereiken. "Ik heb een hart, zoo min gedwee als 't uwe ... maar ook een brein, dat, hoe mijn toorn ook zied', zelfs dit ten beste stuurt" (3.2.29), zegt ze tegen haar zoon. Wanneer Coriolanus zich, met de bedoeling Rome te vernietigen, bij zijn vroegere vijanden aansluit, kan alleen Volumnia hem van zijn plannen afbrengen. Als gezante van Rome smeekt ze haar zoon de stad te sparen, want omdat zij hem opvoedde tot een sterk, onafhankelijk en compromisloos man kan alleen zij hem ertoe brengen tegen zijn natuur in te gaan. Zijn eerbiedige houding tegenover Volumnia is ontroerend, maar zijn capitulatie aan haar betekent zijn einde.

ROL

Zwaarden prinses is een energieke, wilskrachtige, onbevreesde en avontuurlijke vrouw. Ze wijst erop dat een boodschapper belangrijk of onverwacht nieuws zal brengen. Dit bericht kan erop wijzen dat er nieuwe mogelijkheden zijn om actie te ondernemen. Hoe dan ook hangt er verandering in de lucht. Deze formidabele prinses staat voor iemand die alles een keer wil proberen. Het liefst zou Volumnia zelf op het slagveld in actie komen. Ze is zelfverzekerd en bevooroordeeld, maar ook uiterst loyaal, humaan en nobel. Door haar eerlijkheid en trouw is ze een vriendin op wie u kunt bouwen. Anderen achten haar hoog. Ze stimuleert u om nieuwe creatieve uitlaatkleppen te zoeken en u vol vuur aan nieuwe ondernemingen te wijden. Dankzij Volumnia werd haar zoon een moedig en succesvol strijder. Ze kan zich volledig op één taak concentreren. Deze kaart kan duiden op verering die bijna overgaat in adoratie, op de manier waarop Coriolanus en Volumnia elkaar aanbaden. Deze kaart staat voor voldoening en succes dat haalbaar is wanneer u bereid bent daarvoor alles opzij te zetten. Dit is niet zonder risico: wees dus voorzichtig! Deze kaart kan ook op een catastrofe duiden. Alle heroïsche ambities van Volumnia worden op tragische wijze gerealiseerd wanneer haar zoon uiteindelijk besluit Rome te sparen en zichzelf op te offeren.

In omgekeerde ligging duidt deze kaart op onwil, ongeordende gedachten of besluiteloosheid. Misschien gedraagt iemand zich als een verwend kind, net als Coriolanus. Misschien is iemand onevenwichtig, onbetrouwbaar of ongevoelig. Misschien is iemand opschepperig of roddelziek. In *Coriolanus* zijn de Romeinen grillig en lopen ze steeds achter andere vleiers aan. Misschien bent u roekeloos of probeert u allerlei dingen op een halfhartige manier. Misschien is iemand in uw omgeving oppervlakkig, frivool of machteloos. Misschien bent u verveeld en kunt u nergens voor warmlopen. Ook is het mogelijk dat u zich tegen veranderingen verzet, liever geen nieuwe kansen aangrijpt en niet aan iets nieuws wilt beginnen.

STAVEN PRINS: Richard Plantagenet

Galmt, klokken, luid: brandt, vreugdevuren, schitt'rend,
En groet den echten vorst van 't machtige Eng'land.
Sancta Majestas! Wie kocht u niet duur?
Dat hij gehoorzaam', die niet heerschen kan;
De hand hier werd gevormd om enkel goud,
Niets anders, te hanteeren; aan mijn woorden
Kan zij de volle kracht en klem niet geven,
Wanneer zij niet een zwaard of scepter voer.
En bij mijn ziel, een scepter zal zij hebben...

– Hendrik VI, deel 2 (5.1.3–10)

PERSONAGE

Direct na de begrafenis van Hendrik V komen er berichten dat zijn bezittingen in Frankrijk weer zijn heroverd. Hendrik VI is nog maar een kind en iedereen weet nog hoe zijn grootvader zich meester heeft gemaakt van de troon van Richard II. Heel wat nazaten van Edward III vinden dat zij evenveel recht op de troon kunnen doen gelden als Hendrik. Een van hen is Richard Plantagenet. In de Temple Garden dwingt Richard andere edelen om te kiezen tussen hem en de hertog van Somerset, die ook aanspraak op de troon maakt. "Breke, als hij meent, dat ik het recht bepleit, met mij van deze struik een witte roos" (deel 1, 2.4.29), zegt Richard. "Ik wil met deze bleek vertoornde roos ons sieren, tot zij met mij in 't graf gaat en verwelkt, of tot de hoogte bloeit van mijnen rang" (deel 1, 2.4.107-111). Als Somersets aanhangers daarop rode rozen plukken, markeert dat het begin van de Rozenoorlogen, waarbij het beide partijen om de Engelse troon te doen is.

Hoewel hij zijn titel van hertog van York terugkrijgt terwijl hij in Frankrijk en Ierland dient, blijft Richard volhouden: "Ik ben veel hooggeboor'ner dan de koning, meer koning in mijn denken" (deel 2, 5.1.28). Wanneer hij zich meester maakt van de troon, gaat hij ermee akkoord dat Hendrik aan de macht blijft, mits hij zijn zoon onterft ten gunste van Richards zoons. Maar twee van zijn zoons, de toekomstige

Edward IV en Richard III, blazen zijn ambities nieuw leven in en hij zweert: "'k Wil koning zijn, of sterven" (deel 3, 1.2.35). In de slag bij Wakefield wordt Richards jongste zoon, de graaf van Rutland, meedogenloos vermoord. Bij zijn gevangenneming profeteert Richard: "Mijn asch kan, als de Feniks doet, een vogel verwekken, die mij op u allen wreekt" (deel 3, 1.4.35). Deze voorspelling zal op bloedige wijze worden bewaarheid. Koningin Margaretha laat Richard met een papieren kroon op zijn hoofd op een molshoop plaatsnemen en veegt vervolgens zijn wangen af met een in het bloed van zijn jongste zoon gedrenkte lap. Terwijl de toeschouwers tot tranen toe worden geroerd, roept Richard uit: "O, tijgerhart, in vrouwehuid gehuld... Mijn tranen pleng ik aan mijn lieven Rutland, en elke druppel schreeuwt om wraak op u" (deel 3, 1.4.137-138). Maar de meedogenloze koningin laat zijn hoofd afhakken en het op een staak bij de stadspoort zetten: "Zoo overblikke York zijn veste York" (deel 3, 4.1.180).

ROL

Deze kaart staat voor een wilskrachtige, gepassioneerde figuur met veel zelfvertrouwen. Hij is zo overtuigd van zijn eigen kunnen en de juistheid van zijn aanspraken dat hij een opschepperige, arrogante indruk kan maken. Deze man kan geen seconde stilzitten en is voortdurend bezig. Als er niets gebeurt, zorgt hij er wel voor dat er iets gebeurt. In Richards woorden: "Mijn brein, meer wevend dan de noeste spin, spant rustloos voor mijn haters net op net" (deel 2, 3.1.339).
Hij bruist van ondernemingslust en is bereid voor de goede zaak alles op het spel te zetten. Hij is bijzonder loyaal en gaat snel tot actie over, ook als dat tot een handgemeen leidt. Dankzij zijn uitgesproken mening en welsprekendheid weet hij mensen voor zich te winnen. Hij is een goede leider, want hij kan anderen inspireren. Hij laat echter zien dat enthousiasme kan overgaan in roekeloosheid, waarmee hij zichzelf en onschuldige omstanders in gevaar brengt. Maar hoe kan iemand werkeloos blijven toekijken terwijl deze man impulsief tot actie overgaat en zich uit vrije wil in het gevaar stort? Deze kaart stimuleert u om u te concentreren op datgene wat u wilt bereiken: laat u niet door kleinigheden van uw doel afbrengen. Staven prins is opvliegend, tart hem niet! ("Ik spreek met moeite, zoo vergramd ben ik. O, rotsen kon ik kloven, keien werpen", deel 2, 5.1.23) Misschien reageert hij wat te agressief, maar zijn innemende karakter en zijn durf compenseren deze tekortkoming bijna volledig.

In omgekeerde ligging wijst deze kaart op iemand die zich als een bullebak gedraagt of zich ontpopt als een onbetrouwbare figuur. Misschien is er sprake van ruzie of onenigheid. Misschien houdt u zich bezig met zaken waarbij u niet werkelijk betrokken bent of hebt u bij uw activiteiten geen duidelijk doel voor ogen. Misschien gedraagt iemand zich wreed of bezitterig. Deze kaart kan ook duiden op verhulde verlangens en ambities.

STAVEN KONINGIN:
Katharina van Arragon

> *Ga, Kath'rina!*
> *Dien man op aard, die roem durft dragen op*
> *Een beet're vrouw, vertrouwe men in niets,*
> *Omdat hij hierin loog. Gij zijt, alleen, –*
> *Wanneer uw een'ge deugden, eng'lenzachtheid,*
> *Uw heil'gen-deemoed, vrouw'lijke eerbaarheid,*
> *Gehoorzaamheid bij fierheid, al wat in u*
> *Vroom is en vorst'lijk, luid getuigen kon, –*
> *Der koniginnen konigin. Zij is*
> *Van 't edelst bloed.*
>
> – Koning Hendrik VIII (2.4.133–141)

PERSONAGE

Katharina van Arragon, de eerste vrouw van Hendrik VIII en een dochter van de koning en koningin van Spanje, is een bevlogen en bekwame vrouw. Na twintig jaar huwelijk erkent Hendrik haar als zijn gelijke, met de erkenning: "Onze halve macht is u" (1.2.11). Ze is een waardige, eerlijke en goede vrouw. Als haar status in gevaar komt, zegt ze de machtige kardinaal Wolsey onbevreesd: "Mijn tranen wellen op" (2.4.72), waarna ze hem ervan beschuldigt dat hij tegen haar intrigeert. Ze beoordeelt hem glashard met de uitspraak: "Maar elke kap maakt nog geen monnik" (3.1.23). Haar oppositie tegen de kardinaal en het feit dat ze geen mannelijke troonopvolger heeft voortgebracht, worden haar noodlottig. Hoewel Hendrik duidelijk om haar geeft, heeft hij het al aangelegd met Anna Boleyn. En zelfs Anna heeft nauwelijks kritiek op de koningin, die volgens haar "de beste vrouw [is], van wie geen sterveling ooit eenig kwaad kon zeggen" (2.2.3). Katharina zweert strijdlustig dat "slechts de dood mij van mijn troon zal scheiden" (3.1.141), maar Hendrik laat het wel degelijk tot een scheiding komen en richt daartoe zijn eigen kerk op. Ze kan daarna nog een gerieflijk leven leiden, iets wat voor veel van haar opvolgsters niet was weggelegd. Zelfs kort voor haar dood, in ballingschap en ziek, vergeeft ze Wolsey nog en spreekt ze liefdevol over Hendrik. Op haar sterfbed denkt deze altruïstische vrouw vooral aan haar personeel. In een droom wordt ze door geesten gelauwerd, die haar vele goede eigenschappen onderkennen. Katharina onderging haar vernederingen met opgeheven hoofd en was zelfs door de sterkste mannen niet klein te krijgen.

ROL

Staven koningin staat voor een krachtige, levendige persoon met veel zelfvertrouwen. Dankzij haar vriendelijke, warme en oprechte natuur is ze alom geliefd, terwijl ze ook natuurlijke leiderskwaliteiten bezit. Als ze al twijfelt, toont ze dat nooit. Haar zelfvertrouwen en succes stralen naar anderen uit. Als je weet dat je in je recht staat, kun je alles bereiken wat je wilt. Ze is elegant, zakelijk, flexibel en open – nooit arrogant of een dwingeland. Net zoals Katharina de zware belastingen van de kardinaal veroordeelde, staat deze koningin pal voor haar principes. Zelfs nederlagen ondergaat ze waardig en met geheven hoofd. "Als de lelie die eenmaal bloeide als koningin des velds, neig ik mijn hoofd en sterf" (3.1.151), verklaart ze. Deze kaart stimuleert u tot opgewektheid, enthousiasme, toewijding en onvermoeibaar optimisme. Deze koningin verveelt zich nooit en laat zich niet meeslepen door melancholie. Ze leidt een drukbezet leven en er gaat een aanstekelijke vitaliteit van haar uit. Ook u kunt uitgroeien tot een perfecte combinatie van spontaniteit en zelfverzekerdheid, van energie en doortastendheid.

In omgekeerde ligging duidt deze kaart op narcisme, isolement en egoïsme. Misschien is iemand weinig wilskrachtig of stuurloos. De kaart kan duiden op een hysterische, warrige of grillige persoon. Misschien bent u in uw ambities gedwarsboomd of misschien hebt u nog niet kunnen laten zien wat u waard bent. Er kan sprake zijn van een nukkige, dominante, wrede vrouw, zoals koningin Margaretha in *Koning Hendrik VI*, of van een gevaarlijke intrigante, zoals de koningin uit *Cymbeline*, die voortdurend het belang van haar zoon in haar achterhoofd heeft.

STAVEN KONING: Philip de Bastaard

Doch waarom buigt gij 't hoofd en ziet gij somber?
Wees groot in 't handelen, als uw denken 't was.
Laat niet de wereld vrees en droef mistrouwen
In de oogopslag ontwaren een vorst.
Wees rust'loos als de tijd, vuur tegen vuur,
Bedreig den dreiger, overtrots den trots
Van snoevende verschrikking, opdat de oogen
Van laag'ren, die zich steeds naar hoog'ren richten,
Door uwen voorgang schitt'rend, met den glans
Van wakk'ren, onversaagden moed zich tooien.

– Koning Jan (5.1.44–53)

PERSONAGE

De charmante Philip de Bastaard is de innemendste, eerlijkste en nobelste figuur uit *Koning Jan*, een stuk waarin verder vooral zwakke en verknipte personages optreden. Anders dan de koning is hij moedig, vaderlandslievend en deugdzaam. Hij is dan ook de ware held en 'koning' uit het stuk. Als koning Jan Philip accepteert als de zoon van zijn broer, treedt Philip direct toe tot de adelstand. Hij kan rechten op de troon doen gelden en erkent dat hij ambitieus is. Eerlijk als hij is, verklaart hij echter: "Ikzelf wil dit niet doen om te bedriegen" (1.1.214). Als onecht kind is hij een buitenstaander en kan hij vrijpostig commentaar geven op de mensen om hem heen. Als nieuweling in de politiek analyseert hij zijn omgeving scherp. Hij is nog niet in de ban van het eigenbelang geraakt en nog niet bereid zijn principes te verkwanselen, maar beseft dat hij te zijner tijd weleens geen weerstand aan de verleidingen van de politiek zou kunnen bieden.

Zijn openhartigheid werkt verfrissend. Hij is niet bang om tegen koningen zijn mond open te doen. Hij brengt hen in verwarring door hun op te dragen wat ze moeten doen en hun tot actie aan te sporen, en hij smeedt de Engelse troepen tot een eenheid. Hij levert strijd en redt de koningin, hij vermaant de angstige, nerveuze koning Jan om resoluter op te treden en hij laat de vijand zien wat hij waard is. Hij trotseert de Franse kroonprins en zegt hem dat koning Jan "moet lachen" om de Franse invasie. Aanvankelijk is Philip een komische figuur, maar tegen het slot van het stuk is hij uitgegroeid tot een krachtige persoonlijkheid – van koning Jan is tegen die tijd weinig meer over. Na de dood van de koning stelt Philip zich in dienst van de kroonprins. Hij onderstreept zijn 'koninklijke waardigheid' met zijn slotwoord (meestal voorbehouden aan het belangrijkste personage in een stuk): "Niets brengt ons nood en rouw, blijft Eng'land slechts zichzelve steeds getrouw" (5.7.118).

ROL

Staven koning is een ridderlijke held. Hij heeft een duidelijk doel voor ogen en neemt bruisend van energie het heft in handen. Zo'n assertieve houding kan voor agressiviteit worden aangezien – totdat anderen beseffen dat hij niet zomaar wat aanrommelt en weet waar hij mee bezig is. Anders dan de dwaas gaat hij niet roekeloos te werk. Hij is een creatieve probleemoplosser die veel voor elkaar krijgt. De liefde heeft voor hem geen prioriteit – hij heeft al genoeg aan zijn hoofd. Philip had geen vrouw of minnares kunnen gebruiken. Deze kaart wijst op een krachtige, moedige figuur. Hij is eerlijk en open, en kan zich goed uiten. Doordat hij een buitenstaander is, kijkt hij op een bijzondere manier tegen de dingen aan. Hij laat ons zien hoe we door snelle beslissingen te nemen ons leven opeens ingrijpend kunnen veranderen. Hij is charmant, opgewekt, liefdevol en gul. Hij stimuleert zijn kameraden en krijgt van hen ook steun. Hij is een geboren leider, die respect en vertrouwen inboezemt. Met zijn tomeloze energie zet hij anderen aan tot actie. Zijn beweegredenen zijn zuiver en hij is geen piekeraar of intrigant. Mensen vertrouwen op hem vanwege zijn briljante, charismatische persoonlijkheid en omdat hij zelf niet bang is risico's te nemen. Het is duidelijk dat hij in zijn eentje het hele Franse leger zal trotseren voor een zaak waarin hij gelooft. Met de eigenschappen van deze koning kunt u anderen stimuleren tot ondernemingen waaraan ze anders nooit zouden zijn begonnen. In slechte tijden roept hij het volle potentieel in u wakker. Hij is tot veel in staat en laat ook anderen in hun eigen kwaliteiten geloven.

In omgekeerde ligging duidt deze kaart op het ontbreken van een positief mannelijk voorbeeld of op een zwakke leider. Als koning Jan zegt: "Mijn zwakte neemt nog toe, 'k ben uitgeput" (5.3.17), doelt hij op zijn ziekte. Hij typeert met deze woorden echter ook zijn koningschap. Misschien kan iemand niet wennen aan het verlies van zijn status of functie, zoals koning Lear, of geen macht aan anderen delegeren, zoals Richard II. Fouten kunnen iemands gezag ondermijnen. Misschien bent u te meegaand of beschouwt men u juist als arrogant. Mogelijk valt een leidersfiguur door de mand, omdat zijn gezag op niets anders berustte dan op een hoop bravoure en holle woorden. Mogelijk probeert iemand op wrede wijze anderen te domineren. Richard III kon de troon alleen door moord veroveren. Mogelijk ook steekt iemand te veel energie in het regeren van zijn onbeduidende rijkje.

STAVEN I

Wees niet schroomhartig voor grootheid.
— Driekoningenavond (2.5.156)

Dit zinnetje komt uit een brief die Maria aan Malvolio schrijft om hem te laten geloven dat Olivia van hem houdt. Als gravin is zij weliswaar zijn 'meerdere', maar de brief roept hem op zich daar niet aan te storen. Deze kaart staat voor een nieuw begin, tomeloze energie en optimisme. Als Malvolio de brief leest, raakt hij vervuld van hoop. Succes ligt in het verschiet. Hij gelooft dat hij Olivia kan veroveren als hij de richtlijnen uit de brief opvolgt. Opeens wordt hem iets verteld waarop hij stiekem al lange tijd heeft gehoopt. De kaart staat voor creativiteit, inspiratie en nieuwe ideeën. Ga de uitdaging aan: ga op reis, begin aan een nieuw project, stel uzelf een nieuw doel. Dankzij Maria's 'grap' laat de ware Malvolio zich zien. Deze kaart bevat aspecten van zelfkennis en de ontdekking van uzelf.

In omgekeerde ligging duidt deze kaart op een gebrek aan overtuiging of energie, op zelfgenoegzaamheid of machteloosheid. Denk aan de helden uit *Troilus en Cressida*, die zich afvragen of de (Trojaanse) oorlog alle moeite wel waard is. Misschien bent u aan verandering toe, maar moet de goede gelegenheid zich nog voordoen. Deze kaart kan ook wijzen op misplaatst enthousiasme, een valse start of uitstel.

STAVEN II

Beproef slechts uwe macht.

– Maat voor maat (I.4.76)

Lucio zet Isabella ertoe aan Angelo te vragen het leven van haar broer te sparen. Als novice in de clarissenorde twijfelt Isabella aan de zin van zo'n verzoek, maar ze ontdekt algauw dat ze meer macht heeft dan ze dacht. Deze kaart staat voor een zelfverzekerde aanwezigheid. U moet nu vastbesloten optreden, want u weet waartoe u in staat bent en wat er moet gebeuren. Isabella spreekt vol overtuiging vanuit haar hart. Treed krachtig op. Het succes is niet ver weg, dus neem het initiatief. Misschien is er veel mogelijk en staan anderen klaar om u te helpen. De kaart duidt ook op mogelijk leiderschap. Wel kan er bij alle succes sprake zijn van droefheid: Isabella was bedroefd toen ze moest kiezen tussen het klooster en het aanzoek van de hertog (omdat ze niets meer heeft gezegd, zullen we nooit weten wat ze ervan vond!). De kaart suggereert echter ook een balans tussen het spirituele en het aardse – misschien wist Isabella dat te bereiken.

In omgekeerde ligging duidt de kaart op een verrassende wending, zoals aan het einde van het stuk. Angelo's leven blijft dankzij Isabella gespaard en dat was niet wat hij verwachtte. Misschien maakt u iets onverwachts mee, waardoor een statische situatie weer in beweging komt. Verwacht het onverwachte, want het kan nieuwe kansen brengen. De kaart met staven II kan echter ook duiden op stuurloosheid, het uit het oog verliezen van uw doel of het streven naar iets onbereikbaars. Misschien ook voelt u zich de mindere van een ander en durft u daarom niet handelend op te treden.

STAVEN III

Blijf aan uzelven trouw.

— **Hamlet** (I.3.78)

Polonius drukt dit zijn zoon Laertes op het hart, die naar Parijs vertrekt. Polonius is een holle zwetser, maar weinig regels van Shakespeare worden vaker geciteerd. Polonius waarschuwt zijn zoon vooral zijn integriteit niet op het spel te zetten en eerlijk tegenover zichzelf te blijven (de oude baas vertrouwt zijn zoon niet helemaal en laat hem in de gaten houden, maar dit terzijde). Deze kaart duidt op een zakenreis, op een onderneming met veel risico of op planning voor de lange termijn. U hebt het heft in handen. Misschien werkt u uw plannen bij en staat u geestdriftig klaar om actie te ondernemen. Of misschien is een project al gestart en gaat u door naar de volgende fase. Uw harde werk levert eindelijk wat op, maar misschien moet u met anderen samenwerken om nieuwe ideeën en vernieuwe energie op te doen. U hebt het overzicht en laat zich niet afschrikken door wat u allemaal te doen staat. U durft vanuit uw overtuiging te handelen.

In omgekeerde ligging kan de kaart erop wijzen dat u hulp wordt geboden, maar misschien komt deze hulp niet voort uit oprechte motieven, zoals in het geval van Rosencrantz en Guildenstern. Misschien wijst u hulp af, uit angst voor bedrog. Misschien wordt een plan van u afgewezen. Mogelijk zijn er conflicten op uw werk of kunt u bepaalde kansen niet verzilveren. U spant zich voor niets in of gebruikt uw krachten verkeerd. Misschien waren uw verwachtingen te hooggespannen of was u te koppig of te wantrouwig om hulp te vragen, net als Coriolanus. Wellicht hebt u het idee dat anderen hun tijd verdoen met luchtkastelen bouwen en dat ze de lopende zaken verwaarlozen.

STAVEN IV

Elk uitstel eindigt boos.

– Hendrik VI, deel I (3.2.33)

Joan la Pucelle, alias Jeanne d'Arc, is net Rouen binnengetrokken met soldaten die zijn vermomd als boeren die op de markt graan willen verkopen. Ze laat vanaf een toren een fakkel zien, om Karel, de latere koning van Frankrijk, erop te attenderen dat de stad op de Engelsen is veroverd. Een grote slag is gewonnen, maar Jeanne en haar mannen mogen nog niet versagen. Deze kaart duidt op een feestelijk en bevredigend moment. Bondgenootschappen worden geconsolideerd en er wordt in een harmonieuze sfeer onderhandeld. Misschien stimuleert u anderen tot een taak die nu vrij gemakkelijk kan worden volbracht. Er is sprake van een plezierig intermezzo, mogelijk een feest, een thuiskomst of een met succes afgelegd examen. Een periode is afgesloten, er kan met iets nieuws worden begonnen. Er is sprake van balans en stabiliteit, maar u mag de teugels nog niet laten vieren.

    In omgekeerde ligging heeft deze kaart vrijwel dezelfde betekenis, maar u voelt enige twijfel in u opkomen. Misschien beseft u wat er nog gaat komen. Mogelijk zijn er aanwijzingen dat er onenigheid op til is. Misschien bent u of iemand anders niet helemaal met uw hoofd bij de festiviteiten. De rustige sfeer kan eventueel worden verstoord.

STAVEN V

Een paard! Een paard! Gansch Eng'land voor een paard!
— Richard III (5.4.7)

Richard III vecht voor zijn soevereiniteit tegen de troepen van de graaf van Richmond, maar hij delft het onderspit. Zijn paard is al dood en de vijand is niet te stuiten. In de nacht voor de slag is Richard in zijn dromen geteisterd door de geesten van de mensen die hij heeft vermoord. Deze kaart is een voorbode van moeilijkheden, conflicten of een botsing tussen partijen die aan elkaar gewaagd zijn. Misschien raakt u in conflict met een ander of met uzelf — bijvoorbeeld met uw negatieve gedachten. U zult op zwaar verzet stuiten en al uw doorzettingsvermogen moeten aanspreken. Uw pad zal niet over rozen gaan: u zult heel wat hindernissen op uw weg vinden. Misschien moet u een lastig probleem oplossen of brainstormen in een groep. Karakters kunnen met elkaar botsen. Ongelukkige opmerkingen kunnen escaleren tot een hevige ruzie. Misschien kan of wil iemand geen aanwijzingen opvolgen. Misschien streven sommigen hetzelfde na als u — net zoals in de strijd om de Engelse troon vaak sprake was van hevige concurrentie.

In omgekeerde ligging geeft deze kaart aan dat u de hindernissen hebt overwonnen en dat het conflict voorbij is. "De twist is door, en vreê voegt allen samen" (5.5.40), zegt Richmond aan het eind van het stuk. Het is tijd om alles opnieuw op een rijtje te zetten. Misschien is daarbij een advocaat, een bemiddelaar of een andere professionele kracht nodig. Wellicht is onduidelijk waar de prioriteiten liggen. Misschien zorgt iemand voor een controverse of aarzelt hij zijn mening te geven. Misschien voelt u zich aangevallen. Mogelijk zorgt iemand er opzettelijk voor dat de situatie wankel blijft, zoals Don Juan, die in *Veel leven om niets* voor zijn eigen lol de bruiloft van Hero en Claudio bederft. U kunt ook, net als Richard, last hebben van innerlijke spanningen.

STAVEN VI

Alles klaar, alles gewonnen.

– Koning Hendrik IV, deel I (5.2.68)

De graaf van Douglas zegt dit op het slagveld tegen Heetspoor. Hij denkt dat hij Hendrik IV heeft gedood en dat hun opstand geslaagd is. Helaas voor hen vergist hij zich. Hendrik wint de veldslag met de hulp van zijn zoon en stelt de troon die hij wederrechtelijk aan Richard II heeft ontnomen veilig. Met zijn zege effent hij de weg voor de latere roem van zijn zoon. Deze kaart staat voor overwinning en triomf, voor de verwezenlijking van verlangens en dromen, voor vooruitgang en belangrijke prestaties. U krijgt dit fantastische succes niet cadeau: u zult het met inzet van al uw krachten, vaardigheden en intelligentie moeten bevechten. Misschien wint u een prijs, krijgt u een positie met invloed of is er een belangrijke doorbraak voor u weggelegd. U krijgt veel erkenning voor uw verworvenheden. Dit kan erop duiden dat u vol zelfvertrouwen een leidersrol op u neemt. Met uw visie inspireert u anderen, net als Hendrik IV. En net als voor hem geldt voor u dat uw positie mede afhangt van de steun van uw ondergeschikten.

In omgekeerde ligging kan deze kaart duiden op een onzekere overwinning die eventueel zelfs in een nederlaag omslaat, zoals toen de graaf van Douglas ten onrechte meende te hebben gezegevierd. Misschien bent u ergens nerveus of bang voor. Wees op uw hoede, want misschien is iemand jaloers op uw en andermans succes en bestaat er kans op verraad. Hoogmoed komt voor de val. Iemand kan zijn of haar ondergeschikten onheus bejegenen, slecht leiding geven of zich tegen een leidende positie verzetten.

STAVEN VII

*Schroef slechts uw moed tot aan het hoogste punt,
en het mislukt ons niet.*

– Macbeth (I.7.60)

Macbeths vrouw zet haar man ertoe aan om het plan om Duncan te vermoorden door te zetten. Ze heeft het tot in detail uitgedacht, maar Macbeth durft niet meer zo goed. Ze wijst hem erop dat ook hij vastbesloten was: "Gij ducht in daad en moed dezelfde man te zijn als in uw wenschen" (I.7.39). Deze kaart staat voor vastberadenheid en het verlangen om tegen alle verwachtingen in iets groots te presteren. Macbeths streven is afgrijselijk, maar het kan ons troosten dat Duncan in werkelijkheid niet zo'n prettige figuur was en dat Macbeth wettige aanspraken op de Schotse troon kon maken. Zulke details zouden de dramatische werking van het stuk echter hebben verzwakt. Deze kaart staat voor het overwinnen van tegenslagen, waarbij tot het uiterste wordt gegaan. Hoe moeilijker de uitdaging is, hoe groter de beloning van het uiteindelijke succes zal zijn. Anderen kunnen u tegenwerken of uw doel en uw methoden afkeuren. Doordat het veel kracht kost om uzelf te rechtvaardigen, blijft er misschien minder energie over voor de eigenlijke strijd. Uw uithoudingsvermogen zal op de proef worden gesteld. De overwinning kan u veel voordeel en kennis bieden. Het risico bestaat echter dat u te hard van u afbijt, dat u nodeloos of om de verkeerde redenen het gevecht aangaat of dat u zich zomaar in conflicten stort. Wie zo veel risico neemt, moet een serieus doel voor ogen hebben en niet uit zijn op een lekkere ruzie.

In omgekeerde ligging duidt deze kaart op de twijfel, aarzeling en onzekerheid die Macbeth ervaart. Misschien durft u de volgende stap niet te zetten, wordt het u allemaal te veel, of bent u overdreven voorzichtig of door angst bevangen. Misschien wordt een conflict tijdelijk beslecht. Uw gevoelens van kwetsbaarheid kunnen agressieve reacties oproepen. Misschien beschuldigt u anderen van gebrek aan vastberadenheid, zoals de vrouw van Macbeth haar man voorhield: "Wilt gij ... als een lafaard leven, die ''k durf niet' volgen laat op: 'O, ik wilde'" (1.7.41).

STAVEN VIII

Wij zijn geheel gereed, zoo 't hart het is.
— Koning Hendrik V (4.3.71)

Koning Hendrik is klaar voor de slag bij Agincourt. Hij weet dat het goedbewapende Franse leger vijf keer zo groot is als het zijne. Hij heeft net een bevlogen toespraak voor zijn troepen gehouden. Deze kaart staat voor het verlangen om uit te blinken en het vermogen om snel moeilijke situaties op te lossen. Enthousiasme en ambitie worden ingezet voor een specifiek doel. Dankzij een mooie, goed getimede speech, zoals die van Hendrik, kunnen de kansen opeens volledig keren. Na enige vertraging gaan de dingen opeens met veel energie en enthousiasme de goede kant uit. De adrenaline in uw bloed houdt u in volle vaart aan de gang. Te grote haast kan in een onvoorspelbare situatie echter grote problemen veroorzaken. Misschien duidt de kaart op een buitenlandse reis.

In omgekeerde ligging kan de kaart duiden op onberaden actie. Misschien handelt iemand impulsief en wordt er veel energie verspild. Op het laatste moment genomen beslissingen kunnen tot onnodige paniek leiden. Misschien lopen de zaken uit de hand. Misschien zorgt iets of iemand voor een obstakel, zodat de zaken tijdelijk niet opschieten. Mogelijk loopt de communicatie spaak. Misschien gaan anderen overhaast te werk, waardoor er plannen in duigen vallen. Wanneer Richard II uit Ierland terugkeert om zijn troon tegen Hendrik Bolingbroke te verdedigen, verwacht hij steun van zijn bondgenoten. De troepen blijken echter te zijn gevlucht omdat ze het gerucht hebben opgevangen dat hij dood zou zijn.

STAVEN IX

Heb moed en wacht.
— Veel leven om niets (4.1.256)

Pater Francisco licht Leonato, Beatrice en Benedict in over een plan om Claudio's gevoelens voor de ten onrechte van ontrouw beschuldigde Hero nieuw leven in te blazen. Claudio denkt dat Hero dood is. Volgens de pater zal hij uiteindelijk om haar treuren en spijt van zijn beschuldiging krijgen: dan kan hij met haar worden herenigd. Net wanneer het pleit beslecht is – Hero en Claudio zullen gaan trouwen – doet zich nog een laatste obstakel voor. Deze kaart geeft aan dat de laatste reserves aan kracht en vastberadenheid moeten worden aangesproken om een onbekende tegenstander te bestrijden. De uitdaging kan van een nieuwe vijand komen of een gevolg zijn van verraad van een bekende. Hero wordt het slachtoffer van een boosaardige list van Don Juan. Deze kaart staat voor argwaan, behoedzaamheid en de kans op echte dan wel denkbeeldige dreigingen. Misschien voelt u zich in de verdediging gedrukt en bereidt u zich op het ergste voor. Met inzicht en vastberadenheid kunt u zich redden. De broeder trekt de beschuldigingen tegen Hero in twijfel en Beatrice weet dat ze niet waar kunnen zijn. Leonato gelooft ze aanvankelijk en vindt dat Hero het verdient uit schaamte te sterven. Deze kaart waarschuwt u om informatie goed te controleren voordat u tot actie overgaat.

In omgekeerde ligging kan deze kaart duiden op nog ernstiger obstakels en problemen dan in de gewone ligging. Uw eenzame strijd kan u erg zwaar vallen. Misschien lijdt zelfs uw gezondheid eronder. De kaart kan echter ook aangeven dat het pleit beslecht is, al moet u wel waakzaam blijven. Misschien probeert u iemands verzet te breken, net zoals Beatrice Benedict ervan probeert te overtuigen dat Hero wel deugdzaam is en dat Claudio onberaden heeft gehandeld.

STAVEN X

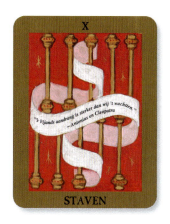

's Vijands aandrang is sterker dan wij 't wachtten.
– Antonius en Cleopatra (4.7.2)

Dit zegt Agrippa tegen Octavianus nadat zijn troepen zijn verslagen en Antonius tijdelijk licht in het voordeel is geraakt. Deze zege vond in werkelijkheid niet plaats en was een kunstgreep van Shakespeare om het onfortuinlijke liefdespaar nog een sprankje hoop te geven. Antonius zou met deze woorden evengoed zijn eigen situatie hebben kunnen beschrijven. Zijn verantwoordelijkheden als generaal en minnaar van Cleopatra zijn hem te veel geworden. Deze kaart geeft aan dat u te veel hooi op uw vork hebt genomen en nu de weerslag van uw ambities ondervindt. Antonius moet zijn aandacht verdelen tussen Rome en Egypte. Misschien moet u zich aan een paar projecten tegelijk wijden, en wordt dit u te veel. Misschien hebt u zich te grote doelen gesteld en zijn uw verwachtingen te hooggespannen. Ga na wat uw beweegredenen zijn en vraag u af waarom u geen taken aan anderen kunt afstaan. Misschien waant u zich een martelaar en vindt u dat anderen u te zwaar onder druk zetten. Misschien ook bent u een workaholic die normaal gesproken dolgraag werkt, maar nu te ver is gegaan.

In omgekeerde ligging duidt deze kaart op een zich terugtrekken uit een moeilijke situatie en op de overdracht van verantwoordelijkheden, of het delegeren van een deel van een werklast aan anderen. Marcus Antonius, Octavianus en Lepidus vormden een driemanschap en ook u kunt uw taken met anderen delen. De kaart kan ook aangeven dat u een probleem negeert of wegloopt voor een lastige situatie. Misschien wordt er letterlijk of figuurlijk schoon schip gemaakt of moet u andermans puin ruimen. Misschien is iemand hypocriet of onbetrouwbaar. Er kan sprake zijn van intriges, verraad of valse voorwendsels.

Over de schrijfster

De auteur A. Bronwyn Llewellyn was vijfentwintig jaar werkzaam in de museumwereld. Ze publiceerde over allerlei onderwerpen, zoals de burgerrechtenbeweging, de geschiedenis van het Amerikaanse Midden-Westen en moderne technologie. Ze studeerde Engels in Missouri en kunstgeschiedenis in New York. Ze schreef eerder een boek over woninginrichting dat geïnspireerd was op godinnen uit de klassieke mythologie. Haar hobby's zijn het schrijven van scenario's en gedichten over cowboys, breien en het vervaardigen van zelfgemaakte kunstboeken en sieraden voor vrienden en vriendinnen. Ze woont in San Francisco.

Over de illustratrice

Cynthia von Buhler werd voor haar illustraties met prestigieuze prijzen bekroond in Los Angeles en New York. Ze illustreerde talloze boeken en woont in New York.